DEMMLER VERLAG

Evemarie und Frank Löser

Zwiebeln

Herkunft, Anwendungen und Rezepte

DEMMLER VERLAG

Titelfoto: Dr. Lutz Gebhardt und Seite 3 und 16
Alle anderen Fotos: Dr. Frank Löser

Tel.: 03 821 / 70 63 97
Fax: 03 821 / 70 88 76

info@demmlerverlag.de
www.demmlerverlag.de

Grafische Gestaltung: Matthias Krempien, Grafikdesigner (HBFS)

Satz und Layout: Matthias Krempien, Grafikdesigner (HBFS)

Druck und Verarbeitung: DZA Druckerei zu Altenburg GmbH, Altenburg

ISBN 978-3-910150-87-4

FREEZE
350
KARFIOL
398
RADICHIO
780
ZSENGE
TÖK
CUKKINI
520
PRIMA
Europgap certificated
CS. HAGYMA
100

Zum Geleit

Wenn der Name Zwiebel fällt, denkt man allgemein zuerst an die Küchenzwiebel - und um sie geht es auch in diesem Büchlein. Aber es gibt ja daneben eine Vielzahl von Zierzwiebeln, als Blumen für Haus und Garten.
Die Küchenzwiebeln sind - laut Statistik - nach Tomaten das liebste und meist verwendete Gemüse in Deutschland; und vielleicht auch im deutschsprachigen Raum. Bei unseren Nachbarn Österreich und Schweiz sind sie ebenso weit vorn platziert wie bei uns.
Der durchschnittliche Jahresverbrauch soll bei sechs – sieben Kilogramm/ Person liegen.
Ihr typischer charakteristischer Geschmack und ihre milde bis scharfe Würzkraft, je nach Art und Sorte, sind der Grund für die Beliebtheit in der Ernährung. Die Zwiebel wird roh, gedünstet oder gebraten in unzähligen Rezepten und in den meisten Speiseplänen verarbeitet. Zum erlesenen Geschmack kommen noch ihre bekannten und auch nachgewiesenen Heilwirkungen dazu.

Natürlich gibt es auch genügend Menschen, die Zwiebeln und ihre Wirkungen ablehnen.
Geruch und Geschmack der Zwiebel und besonders auch von Knoblauch sind nicht jedermanns Sache.

Die Küchenzwiebel - einschließlich Gemüsezwiebel, Lauchzwiebel, Perl- Silber- und Etagenzwiebel - gehört mit Schnittlauch, Porree und Knoblauch zur Gruppe „Zwiebelgemüse“.

In diesem Büchlein haben wir auf den umfangreichen Rezeptteil mit Zwiebeln besonderen Wert gelegt.
Auf detaillierte Ausführungen zu Knoblauch, Porree – auch als Lauch bezeichnet, Bärlauch und Schnittlauch haben wir deshalb verzichtet.

Die Rezepte sind als Anregung und Beispiele zu verstehen. Eine Haftung übernehmen wir nicht. Wir wünschen Ihnen, verehrte Leser, viel Freude beim Lesen und Ausprobieren.

Evemarie und Dr. Frank Löser

« Markttag in Budapest – und auch hier: die Zwiebel immer mittendrin.

Zur Geschichte und Herkunft der Zwiebeln

Schon in der Bibel und auch bei Homer wurde die Zwiebel namentlich genannt und als Speise empfohlen.

Hildegard von Bingen reihte bei den Gemüsearten die Zwiebel in die empfehlenswerten Speisen ein. Auch heute wird sie als die heimliche Königin der Küche bezeichnet. Was wären viele Speisen ganz ohne Zwiebel?
Internationale typische Verwendungen der Zwiebel: Deutschland/ im Hackepeter oder zum Rostbraten; Serbien/ im Fleischspieß; Frankreich/ in der Zwiebelsuppe; Griechenland/ im Salat; Russland/ in der Kohlsuppe...und so könnte man die Aufzählung beliebig fortsetzen. Die Zwiebel ist aus der Küche nicht mehr weg zu denken.

Zentralasien und Ägypten werden als die Heimat der Zwiebel genannt. Angenommen wird, dass sie aus den Steppengebieten des west- und mittelasiatischen Raumes stammt, dem heutigen Afghanistan und Turkestan. Eine echte „Ur- oder Wildzwiebel" konnte bisher nicht eindeutig nachgewiesen werden, aber es gibt fundierte Hinweise auf diese Region.
Später verbreitete sie sich - wie viele andere Kulturpflanzen auch - durch den Menschen weiter. Im Mittelalter hat sie auch bei uns ihren Platz in der Küche und im Garten erobert. Es wird angenommen, dass die Zwiebel bereits seit mehr als 5 000 Jahren als Heil-, Gewürz- und Gemüsepflanze bekannt ist und auch kultiviert wurde.
In der Gruppe der biblischen Gartenpflanzen gehören Zwiebel und Lauch dazu. Im Lande der Pharaonen waren die Zwiebeln bereits im Jahre 3 400 vor Christi als Volksnahrungsmittel bekannt und hatten einen heiligen Status. Mit, bei oder neben einer Zwiebel wurden Eide abgelegt und Schwüre getan. Was hier gesagt wurde, hatte Gewicht und galt.
Auf einer sumerischen Keilschrifttafel, etwa 4000 bis 2000 Jahre vor Christi, standen Angaben zu Zwiebelfeldern in dieser Zeit. Im „Codes Hammurabi", der ältesten Gesetzessammlung unserer Welt, wurden auch Festlegungen zur Zwiebelzuteilung für die Armen aufgeschrieben.

« Bald „Küchenreif"

Geschichte

Der König Hammurabi von Babylonien (1958 - 1916 vor Christi) hat die Zwiebel bereits als Heilmittel aufgeführt und deren Namen auch in Stein meißeln lassen.

Zwiebeln sollen, wenn die alten Schriften richtig gedeutet wurden, in Ägypten sogar als gewöhnliches Zahlungsmittel gegolten haben. Ebenso auch als Symbol und als Hieroglyphe (Bilderschriftzeichen) für die Vielgestaltigkeit des Mondes. Der Mond, so vermutete man einst, hatte auch direkten Einfluss auf das Wachstum dieses Gewächses.
Den Priestern der Mondgöttin Isis war allerdings der Verzehr der Zwiebel verboten. Dikrys, ein Liebling der Isis, war beim Auffangen von Zwiebeln in den Nil gestürzt und ertrunken. Das sollte sich nicht wiederholen.
Aber das Volk war da unbekümmerter und aß die Zwiebeln gern. Herodot, der griechische Geschichtsschreiber, berichtet vom Bau der Pyramide für den König Cheops von Memphis auch folgendes: allein für 1 600 Silbertalente (ca. 7,5 Mio Mark) wurden Zwiebeln, Knoblauch und Rettich eingekauft und verspeist.
Als Opfergabe sind Zwiebeln sogar in größeren Mengen verwendet worden. Sie wurden den Verstorbenen als Beigabe mit in die Totenkammern gegeben. In Füllhörnern verwahrt, als einfache Bündel oder als glockenartige Gebilde geflochten, hat man sie nach Öffnungen der Grabanlagen gefunden. In Abbildungen der altägyptischen 5. und 6. Dynastie ist die Zwiebel deutlich erkennbar.
Die Griechen brachten auf den Apollotempeln auch Zwiebeln als Opfergabe dar.
Die Zwiebel war auch Leto, einer Geliebten des Zeus heilig, weil sie ihre Appetitlosigkeit während ihrer Schwangerschaft mit Zwiebeln kurierte.
In Mesopotamien, speziell im Apothekerwesen, waren Zwiebel und Knoblauch als Arznei bekannt.
Eines der meist gelesenen Bücher - die Bibel - führt nur etwa 30 Heilpflanzen auf, darunter aber die Zwiebel und den Knoblauch.

Persius, ein lateinischer Dichter, schrieb in seinen Satiren, dass die Zwiebel eine Speise für Geizhälse sei.

„Zwiebeln sind soviel wert wie eine ganze Apotheke“
Paracelsus

PLINIUS der Ältere (23 – 79 nach Christi) hat über die Zwiebel folgendes zusammengefasst: *„ ... sie kann die Verdauung befördern und die Winde in Bewegung setzen“.*
Die Altvorderen sahen sie auch deshalb als gesunde Speise an, und sie war als heilsam bekannt.

Römische Soldaten sollen etwa 150 Jahre nach Christi die Zwiebel mit in die nördlichen Gefilde gebracht haben. Von Alexander dem Großen wird berichtet, dass er vor dem Kampf Zwiebeln an seine Soldaten verteilen ließ, um ihre Kampfeslust zu fördern.

Im 8. Jahrhundert gab es einen Erlass von Karl dem Großen. Er ordnete darin den Anbau von Zwiebeln zur Ernährung seiner Untertanen an. In diesem „Capitulare de villis“ wird die Zwiebel als `cepas` erwähnt.
In Byzanz (heute Istanbul) war der Zwiebelverbrauch an der kaiserlichen Tafel wohl recht hoch. Der Gesandte von Kaiser Otto dem Großen hatte damit wohl sein Ärgernis. Im Jahre 968 schrieb er an seinen Dienstherrn: *„Der Herrscher der Griechen trägt langes Haar, Schleppkleider und eine Weiberhaube..., nährt sich von Zwiebeln, Knoblauch und Lauch und säuft Badewasser“, (Wein mit Wasser verdünnt – Weinschorle).* Ein weiteres Mal schrieb er: *„Er befahl mir, zu seiner Mahlzeit zu kommen, die tüchtig nach Zwiebel und Knoblauch duftete...“.*
Es wird davon ausgegangen, dass der Zwiebelanbau seit dem 12. Jahrhundert planmäßig erfolgte, und die Zwiebeln auch auf allen Märkten gehandelt wurde.

Als Gewürz, als Arznei oder auch zur Wollust...

Im Mittelalter kommt kein Pflanzengelehrter in seinen Aufzeichnungen an der Zwiebel, in welcher Art und Form auch immer, vorbei.

Hieronymus Bock schreibt im Jahre 1551, das zum Kuchenbacken bei den Deutschen niemand ohne Zwiebel auskommt, *„...niemand will der Zwiebel entraten...“* und *„... etliche brauchen sie zur Wollust, die anderen zur Arzney...“*.

Etwa seit dieser Zeit begann man in Holland damit, unterschiedliche Zwiebelsorten in Form, Farbe und Geschmack auszulesen und auch zu züchten.
Später nahm die Verwendung der Zwiebel wieder ab, aber in Frankreich führte sie Ludwig XIV. wieder in der Küche ein, und sie ist bis heute ein fester Bestandteil derselben geblieben.

„Die Menschheit organisiert sich gerade nach Art einer Zwiebel, und schiebt immer eine Hülse in die andere bis zur kleinsten, worin der Mensch selbst denn ganz winzig steckt.“ Aus: Die Nachtwachen des Bonaventura von Ernst August Friedrich Klingemann (1777 – 1831)

Namensdeutung der Zwiebeln

Die Römer brachten die Zwiebel einst mit über die Alpen und dann wurde sie auch nördlich dieser Bergkette heimisch. Hier soll sich in vielen Jahren aus dem spätlateinischen `cepulla` das deutsche Wort `Zwiebel` herausgebildet haben. Das bereits erwähnte „Capitulare de villis" und auch der St. Gallener Klosterplan von 816 bezeichnen die Zwiebeln mit `cepa`. Seit jener Zeit wird sie zu den wichtigsten Pflanzen unserer Nutzgärten gerechnet.
Im alten Rom nannten die Bauern dieses Gewächs `unio´. Ähnlichkeit finden wir auch im französischen Wort `oignon` und im rheinischen Sprachgebrauch mit `Öllich`.

Die Küchen- oder Gartenzwiebel kommt natürlich nicht mit einem deutschen Namen aus. Es gibt eine Vielzahl von umgangssprachlichen Bezeichnungen:
Bolle, Bölle, Bülle, Fölle, Fleischlauch, Gartenzwiebel, Gemeine Zwiebel, Gemüsezwiebel, Gewürzzwiebel, Hauszwiebel, Küchenzwiebel, Küchenzwiefel, Oje, Rotzwiebel, Sipel, Sommerzwiebel, Speisewurzel, Speisezwiebel, Weißzwiebel, Winterzwiebel, Zibolle, Zipolle, Zippel, Zwiebellauch, Zwiefel, Zwiewel, Zwifl.

Für den Verbrauch in der Küche unterscheidet man: - Speisezwiebeln mit dem kräftig würzigen Geschmack und dem unverwechselbaren Geruch. - Lauchzwiebeln, sehr früh im Angebot mit grünem Lauch. Kleine - Perl- oder Silberzwiebeln, sehr zart, zum Einlegen bestens geeignet. - Schalotten, zarter im Geschmack und nicht zwiebelrund. - Große, runde und ebenfalls milde Gemüsezwiebeln.

Je nach Art und Sorte gibt es viele Zwiebelvarianten: ganz rund, oval, flach oder länglich und in den Farben weiß, gelb, bronze und rot.

Geschichte

Ob man nun die berühmte `Zittauer Gelbe`, die `Stuttgarter Riesen`, die `Höri Bülle`oder die rote Tropeazwiebel aus Kalabrien bevorzugt – die Hauptsache bei den Zwiebeln ist der gute Geschmack der milden oder deutlich schärferen Sorten.

Bereits im Mittelalter kannte man sich bestens mit der Küchenzwiebel aus: „*Die langen Zwiebeln sind scharffer als die runden, die rothen mehr als die weißen, die dürren als die grünen, die rohen als die gesottenen*". „*Die Zwibeln seyn gut zum Magen, treiben die phlegmata heraus, darum sind sie den Cholericis nit gut, sondern den Phlegmatics*".

„*Wegen ihrer über sich riechenden Schärffe beschwären sie leichtlich das Haupt, sollen derowegen von studierenden Personen, welche mit dem gemüth arbeiten, und denen so feucht Gehirn und ein blödes Gesicht haben, gemeidet werden*".

Das Volksheilmittel Zwiebel war aber auch gut für folgenden Rat: „*Eine Zwiebel am Tag hält den Doktor in Schach*".

Für Kahlköpfige gab es eine besondere Empfehlung: „*Welcher mit Zwobeln strichet die kale stat, machet do selbest hare wachsen*".

Und Pfarrer Kneipp gab folgendes Rezept: „*Die Zwiebel in kleine Stücke zerschneiden, zerquetscht und in Weinspiritus angesetzt, so hat man eine herrliche Medizin! Wer an schlechter Verdauung leidet, von Gasen und Verstopfung geplagt ist, der nehme täglich 2 – 3 mal 10-12 Tropfen von dieser Tinktur*".

Das ist doch eine nette Aufforderung zum Probieren.

Vielfalt der Zwiebeln »

Zwiebelarten und Anbauhinweise

Küchenzwiebel *(Allium cepa)*

Alle Zwiebeln haben konzentrisch angeordnete fleischige Schalen. Die Zwiebel gehört zu den einkeimblättrigen Pflanzen und ist zweijährig. Verdickte fleischige Blattbasen bilden als Gesamtheit den Zwiebelkörper.

Die Stängel sind ganz und gar röhrig und in der Mitte mehr oder weniger deutlich bauchig aufgetrieben. Der Samenstand wird erst im zweiten Vegetationsjahr ausgebildet. Selbst- und auch Fremdbefruchtung kommt bei diesen Langtagspflanzen vor. Bei Drillsaat wird eine einjährige Kultur angebaut und mit Steckzwiebeln eine zweijährige.

Zwiebeln werden in der Küche zu jeder Jahreszeit benötigt. Die Anbauer haben sich natürlich darauf eingestellt, und nun gibt es eben Varianten für den Sommeranbau und natürlich auch für den Herbst und Winter. Es sollen ja möglichst in allen Monaten frische heimische Zwiebeln auf dem Markt vertreten sein.
Zwiebeln werden ausgesät oder durch Steckzwiebeln herangezogen. Es wird nach folgenden drei Varianten des Anbaues unterschieden:

Dauerzwiebeln, ohne Lauch: Aussaat oder Steckzwiebeln, Ernte im September zur Lagerung für den Winterverbrauch.

Lauchzwiebeln: junge, noch nicht ausgewachsene Zwiebeln zum sofortigen Verbrauch aus Saat oder Steckzwiebeln – im März/April in den Boden gebracht, Ernte im Juni.

Fleißige Besucher auf einer Zwiebelblüte

Steckzwiebeln: sehr dichte Aussaat für die Ernte kleiner Zwiebeln, der Steckzwiebeln. Aussaat im Mai/Juni, Ernte im September/Oktober für Herbst- oder Frühjahrspflanzung.

Sommerzwiebeln werden im zeitigen Frühjahr ausgesät und bereits ab Juli geerntet und verbraucht.
Winterzwiebeln werden auch im Frühjahr gesät, aber erst ab August geerntet und eingelagert.

Auch noch heute gelten folgende Empfehlungen:

Willst Gerste, Erbsen, Zwiebeln dick,
so sä sie an St. Benedikt (21.03.).

An Sankt Johanni-Abend (24.06.) leg
die Zwiebeln in ein kühles Beet!

Sankt Ambrosius (04.04.)
man Zwiebeln säen muß.

Vor der Aussaat oder dem Stecken steht die Qual der Sortenwahl. „Zittauer Gelbe“, „Dresdner Plattrunde“, „Stuttgarter Riesen“ oder „Braunschweiger Dunkelblutrote“ sind schon lange bekannte und beliebte Sorten, die sich auch heute noch auf dem Markt behaupten. Neue Sorten kommen laufend dazu. Deshalb sollte man die Hinweise zu Anbau und Kulturarbeiten genau studieren und danach eine geeignete Sorte auswählen.

Die Küchenzwiebel hat eine epigäische (oberirdische) Keimung. Nach der Bildung einer Primärwurzel, die auf eine interkalare Steckung des Keimblattes einhergeht, wird ein so genanntes Peitschen- oder auch Bügelstadium ausgebildet. Danach erscheint das erste Laubblatt, weitere folgen und die Zwiebelkörper werden ausgebildet. Die Form der Zwiebel ist stark temperaturabhängig. Höhere Temperaturen fördern runde Zwiebeln, zu niedrige die Ausbildung von „Dickhälsen“

Tipps für gesunde Zwiebeln und gute Erträge:

Zwiebeln werden nicht nach Zwiebeln angebaut. Die Anbaupause sollte möglichst 5 Jahre betragen, um den Befall durch pilzliche Schaderreger und auch durch Nematoden zu vermeiden. In dieser Pause sollten Kulturen wie Porree, Schnittlauch, Knoblauch und auch Blumenzwiebeln nicht auf dieser Fläche angebaut werden.
Zwiebeln gehören in die zweite Tracht, das heißt: sie erhalten keine Stalldunggaben und bei guten Bodenvoraussetzungen keine oder nur ganz geringe Düngergaben. Frisch gedüngtes Land zieht die Zwiebelfliege, den Hauptschädling im Zwiebelanbau, an. Außerdem reifen sie durch das erhöhte Stickstoffangebot schlecht aus und die Ausbildung des Laubes wird unnötig gefördert.
Gute Vorfrüchte sind alle Salat- und Kohlarten, Frühkartoffeln, Tomaten, Gurken, Sellerie. Ein sandig humoser und nicht zu feuchter Boden ist für die Kultur optimal. Der Boden sollte frei von Unkraut sein, weil ein starker Unkrautbesatz die Zwiebelkultur unterdrückt.

´Red Baron´
rotschalige, runde Lagerzwiebel,
besonders als Säzwiebel geeignet

Die Bodenbearbeitung mit tiefem Umgraben erfolgt im Herbst, damit zur Aussaatzeit gut abgesetztes Land bereit steht. Bei zu lockerem Boden rollt das Saatgut zu tief ins Erdreich und eine schlechte Zwiebelbildung ist die Folge. Deshalb die Fläche im Frühjahr, bei einer möglichst zeitigen Aussaat, nur noch krümelig herrichten.
Zusätzliche Wassergaben sollten in trockenen Jahren regelmäßig erfolgen.

Wer zu dick aussät, erntet kleinere Zwiebeln. Sie bilden dann auch meist nicht mehr ihre typischen Formen aus.

Bei passender Witterung sollte die Aussaat bis Mitte oder spätestens Ende April erfolgen, um möglichst reiche Erträge zu erzielen. Ausgesät wird bei abnehmendem Mond - das schrieben schon die Gartenfachleute im Jahre 1684 nieder.
Der Reihenabstand beträgt 25 – 30 cm, das Saatgut sollte flach in der Erde liegen und es darf nicht zu dicht gesät werden. Um das zu vermeiden, kann man das Saatgut mit etwas Sand, feiner Sägespäne oder auch mit älterem Saatgut mischen. Bei zu dichtem Auflaufen muss man unbedingt vereinzeln. Die gezogenen Zwiebeln kann man auch wieder pflanzen.
Der Anbau von Mischkulturen ist im Klein- oder Hausgarten beliebt. Dabei stehen mehrere Gemüsearten nebeneinander auf einem Beet.
Den Platz zwischen zwei Erdbeerreihen kann eine Reihe Steckzwiebeln füllen.

Bild oben rechts:
Diese Saatzwiebeln stehen eindeutig zu dicht – also rechtzeitig vereinzeln.
Bild unten rechts:
Gut entwickelter gleichmäßiger Bestand im Feldanbau

Die Zwiebeln und Möhren können jeweils abwechselnd reihenweise dann auf ein Beet gesät und gesteckt werden.

Diese Pflanzengemeinschaft wehrt Pflanzenschädlinge (Zwiebel- bzw. Möhrenfliege) ab und fördert sich gegenseitig in der Entwicklung. Gut mit der Zwiebel in Mischkultur gedeihen: Endivien, Erdbeeren, Gurken, Karotten, Petersilie, Rote Bete, Salat, Zucchini. Als Mischkultur oder als so genannte Markiersaat (zum rechtzeitigen Erkennen der Saatreihen spät auflaufender Zwiebeln) können Samen von Radieschen und Spinat zur jeweiligen Saat gemischt werden.

Sie zeigen uns die Reihen zur Unkrautbekämpfung und zur Lockerung des Bodens rechtzeitig an und können später für die eigene Küche geerntet werden.

Bereits im Herbst - Ende September bis erste Oktoberdekade - kann man Steckzwiebeln, die Wintersteckzwiebeln, in den Boden bringen. Sie können dann schon ab Mai geerntet werden.

Der Reihenabstand sollte 25 cm betragen und von Zwiebel zu Zwiebel etwa 6 cm. Sie kommen 5 cm tief in den gut abgesetzten Boden. Vor Winterbeginn können die Reihen etwas angehäufelt oder locker mit Reisig abgedeckt werden. Eine Düngung ist bei der Kulturfläche in zweiter Tracht nicht erforderlich.

《**Bild oben links:** Einige „blühwillige" Zwiebeln können bei Aussaat oder Steckzwiebeln immer im Bestand sein. Sie sollten rechtzeitig geerntet werden – keine Lagerqualität.

《**Bild mitte links:** Junge „Höri Bülle" zum Verpflanzen der Zwiebeln

《**Bild unten links:** Unten links – Schnittlauch `Middleman` /Unten rechts - Zwiebel, Feine Silberzwiebel/Oben links – Zwiebel, winterharte Lauchzwiebel/Oben rechts – Zwiebel, winterharte Frühlingszwiebel

Der reguläre Steckzwiebelanbau im Frühjahr

Gute Ratschläge zum Zwiebelstecken:
Im Zeichen des Steinbocks werden sie fest und hart; im Zeichen des Wassermanns faulen sie nach der Ernte alsbald; im Zeichen des Schützen schießen viele Zwiebeln in die Höhe.
Wer seine Steckzwiebeln zu Himmelfahrt in den Boden bringt, erntet recht große Zwiebeln.
Am Karfreitag sollen sie gut werden wegen der vielen Tränen, die um Christi Willen geweint werden.
Zwiebeln soll man auch im Zorn stecken, damit sie später viel Schärfe enthalten.
Der Blick bleibt bei dieser Arbeit gesenkt, damit sie nicht in das Laub schießen (oder soll so nur schneller gearbeitet werden, statt umher zu schauen?).
Zwiebeln schießen aber auch ins Laub, wenn sie bei zunehmendem Mond in die Erde kommen.

Mit einem Reihenabstand von 25 cm und in der Reihe von 6 – 8 cm werden sie in den Boden gebracht. Steckzwiebeln sollen sich, so sagen die alten Gärtner, gegenseitig aus dem Boden drücken. Also nicht zu weit voneinander stecken. Für 10 m^2 werden von kleinen Steckzwiebeln (0,5 – 1,5 cm Durchmesser) etwa 500 – 700 g benötigt. Bei größeren nimmt die Ausbildung der „Dickhälse“ deutlich zu.
„Dickhälse“ bilden keine deutliche Zwiebel aus. Sie sind nicht gut lagerfähig. Steckzwiebeln `springen` oft aus dem Boden heraus.
Sie liegen dann einige Tage nach dem Einbringen auf dem Beet herum. Es waren also nicht unbedingt die Amseln oder Stare, die wegen dem frischen Grün Zwiebelchen aus dem Boden gezogen haben. Natürlich wird das in Einzelfällen auch der Aktivität von Regenwürmern zugeschrieben.
Im Aberglauben heißt es: der Vollmond zieht die Steckzwiebeln aus dem Boden.

Es gibt aber auch eine ganz plausible Erklärung dafür:

Beim Stecken sind die Zwiebeln selten ganz prall, sondern haben eher „Wasserbedarf“.

Wenn sie dann im Boden stecken und Wasser aufgenommen haben werden sie dicker - und springen aus der Erde heraus. Deshalb wird empfohlen, die Steckzwiebeln vorher ins Wasser zu legen. Dann sind sie schön prall und rund beim Legen - und `springen` nicht mehr aus der Erde.

Tipp: Steckzwiebeln sollte man möglichst einen Tag vor dem Pflanzen in Regenwasser baden lassen. Dort können sie gut quellen und benötigen zur Wurzelbildung weniger Zeit.

Steckzwiebeln, Sorte „Piroska“

Weiße Steckzwiebeln

Gemüsezwiebel (l), Schalotte (m) und Küchenzwiebel (r) im Größen- und Formvergleich

Gemüsezwiebel *(Allium cepa)*

Diese Zwiebeln, auch spanische Zwiebel wegen ihrer Herkunft und Metzgerzwiebel wegen ihrer Größe und Verbrauch genannt, sind milder im Geschmack. Dafür sind sie aber deutlich größer als die allgemein bekannten Speisezwiebeln. Bis zu 1 000 g können einzelne Exemplare wiegen. Dazu ist aber die Aussaat Anfang März unter Glas oder auf der Fensterbank unbedingt erforderlich. Die Samen kommen etwa 2 cm tief in den Boden und werden zum Keimen warm aufgestellt. Das Saatgefäß wird mit einer Glasscheibe abgedeckt. Die ersten Keimlinge sind bereits nach einer Woche sichtbar; dann werden sie ganz hell und nicht mehr so warm aufgestellt. Wenn die Sämlinge groß genug sind, werden sie auf 5 x 5 cm Fläche vereinzelt oder in größere Gefäße pikiert. Wer den Anbau unter Glas oder Folie plant, kann schon ab Mitte bis Ende April auspflanzen; im Freiland erst nach Mitte Mai. Der Reihenabstand beträgt 30 cm und in der Reihe 25 cm. Eine Düngung muss beim Anbau in 2. Tracht nicht unbedingt erfolgen. Bei Trockenheit sind zusätzliche Wassergaben erforderlich.
Ab Mitte September kann geerntet werden. In der Küche sind Gemüsezwiebeln auch als geschmortes Gemüse oder gefüllte Zwiebeln beliebt.

Blütenstand der Röhrenzwiebel

Winterzwiebel *(Allium fistulosum)*

Die Winterzwiebel stammt aus Sibirien, ist bis Ostasien hinein beheimatet und kam ebenfalls im Mittelalter in unsere Breiten. Heute soll sie aber nur noch als Kulturpflanze existieren. Sie hat vor allem in China und Japan einen hohen Stellenwert in der Versorgung mit Vitamin C. Dort soll sie auch schon 2 000 Jahre vor Christi angebaut worden sein.

Diese Röhrenzwiebel wird auch als Heckezwiebel, Lauchzwiebel, Winterlaub, Winterlauchzwiebel, Winterzwiebel oder nach ihrer geographischen Herkunft als Bunching - Zwiebel bezeichnet.

Sie ist immergrün. Deshalb sollte sie in strengen Wintern oder in rauen Lagen gegen allzu starken Frost geschützt werden. Die kräftigen Zwiebelröhren - auch Röhrenzwiebel genannt - ähneln optisch dem Schnittlauch. Sie sind aber deutlich größer und werden auch Piepen genannt.

Solange noch keine Blüten ausgebildet sind, kann die grüne Röhre zum Verzehr geerntet werden.

Selbst ausgesät oder als Jungpflanzen vom Gärtner – Heckezwiebeln sind recht anspruchslos und auch für die Topfkultur geeignet.

Aus den Jungpflanzen entwickeln sich bald dichte Büsche, die sich aus den Neben- und Brutzwiebeln bilden. Diese Wuchsform soll auch zur Namensbildung Winterheckezwiebel beigetragen haben.
Eine Ausbildung von zwiebelartigen Körpern erfolgt hier nicht. Durch die vielen Brutzwiebeln werden aber sehr dichte Stöcke ausgebildet, die viel Grün liefern. Davon kann man schon im ganz zeitigen Frühjahr frischen Lauch ernten.
Die beste Zeit zum Teilen dieser Zwiebelbüsche ist auch das Frühjahr.

Die frischen grünen Zwiebelröhren schmecken auf Butter- und Quarkbrot, in Suppen und Soßen (aber nicht mit kochen - Vitaminverlust) und auch fein gehackt sehr lecker.
Die Bunching-Zwiebel hat runde hohle Schlotten und einen weißen porreeartigen Schaft.
Die Aussaat erfolgt von Mitte Juni bis Mitte Juli im Reihenabstand von 25 – 30 cm.
Der Saatgutbedarf ist 0,8 g/m^2. Böden in guter zweiter Tracht sind dazu besonders geeignet, dann entfallen auch etwaige Zusatzdüngungen. Die Winterfestigkeit ist gut und schon im zeitigen Frühjahr beginnt die Lauchernte.

« Die Winterheckezwiebel gedeiht im Bauerngarten auch zwischen Blumen prächtig.

Hier wurde bereits Saatgut gewonnen. »

Lauchzwiebeln frisch vom Beet und küchenfertig vorbereitet

Lauchzwiebel *(Allium cepa)*

Die Lauchzwiebeln sind auch als Frühlingszwiebeln bekannt, obwohl man sie nicht nur dann im Bund kaufen kann. In Österreich werden sie weit verbreitet ´Jungzwiebeln` genannt.

Diese kleine Würzzwiebel gilt als eine der ältesten und vom Geschmack her als feinste Zwiebelart. Ihr Lauch kann wie Schnittlauch verwendet werden. Die ganze Pflanze kann roh als Beilage, in geschmorten Gerichten oder auch in Essig eingelegt, verwendet werden. Sie eignen sich bestens zum Braten und Dünsten und sind wichtiger Bestandteil der asiatischen Küche.

Sie können auch gedünstet wie Spargel verwendet werden, angenehm milder Zwiebelgeschmack. Frisch als vielfältige Beilage zu Salaten, Quark etc.

Lauchzwiebeln – weiße Sorte. Bauernmarkt in Jalta/Krim

Der Brennwert dieser Lauchzwiebel beträgt 120 KJ; 100 g Jungzwiebeln weisen 1,2 g Eiweiß, 0,3 g Fett und 4,5 g Kohlenhydrate auf.

Lauchzwiebeln, sauber geputzt. - Bauernmarkt in Budapest

Bild unten:
Lauchzwiebeln, mit und ohne Wurzel im Angebot.

Schalotte

(Allium ascalonicum)

Die Schalotte - auch Aschlauch, Charlotte, Eschlauch oder Schlotte genannt - ist milder und zarter im Geschmack als unsere bekannte Küchenzwiebel. Sie bildet viele Nebenzwiebeln aus und wird deshalb auch Familienzwiebel genannt. Eine Unterart der Schalotte, die noch viele ursprünglichen Gene enthalten soll, wird auch als Kartoffelzwiebel bezeichnet. Eine im Frühjahr ausgepflanzte Zwiebel bringt bis zum Herbst 8 – 10 große Tochterzwiebeln hervor. Es wird in Reihen mit einem Abstand von 30 – 40 cm ausgepflanzt.

Schalotten sind aus der französischen Küche nicht wegzudenken, sie würzen dort viele Soßen und Suppen.

Sie stammen aus Vorderasien, sind dort seit dem Altertum als Kulturpflanze bekannt und kommen auch noch wild wachsend vor.

Es wird angenommen, dass die Kreuzritter sie von Askalon nach Europa brachten. Daher auch der Name `ascalonicum`.

Die vielen kleinen Teilzwiebeln, die aus einer Mutterzwiebel ausgebildet werden, sind das eigentliche Hauptmerkmal dieser Zwiebelart. Sie sind ausdauernd, aber nicht völlig frosthart. Bei Temperaturen über -10° C sollten sie mit einer Reisigschicht vor Barfrösten und scharfen Winden geschützt werden.

Bereits ab September - bis in den Spätherbst hinein - oder danach ab März können die Schalotten in den Boden gebracht werden. Der Reihenabstand beträgt 20 cm und in der Reihe 15 cm. Die Zwiebeln kommen 5 cm tief in den Boden. Sie treiben willig aus und bilden Nester von Nebenzwiebeln aus der Mutterzwiebel heraus.

Bild oben links: Pflanzschalotten - nur das Grün der bereits ausgetriebenen Zwiebel ist in der Küche verwertbar.

Gelbschalige Schalotte, Freilichtmuseum Schwerin-Mueß »

Die Ernte beginnt Ende Juni, wenn das Laub abstirbt. Zuerst können aber die kleineren Zwiebeln samt Lauch zum Sofortverbrauch genutzt werden. Das Erntegut bei trockenem Wetter noch auf dem Beet liegend oder locker und luftig geschützt trocknen lassen.

Diese schlanken meist rötlichen Zwiebeln werden zum Würzen, Einlegen und für Salate verwendet.
Während der Vegetation kann auch etwas Laub wie Schnittlauch für die Küche geerntet werden.
Die Schalotten können rundlich wie die Zwiebel, aber auch länglich und oval aussehen. Aber sie unterscheiden sich durch die frühere Ernte, die kürzere Haltbarkeitsdauer und durch den milden Geschmack von der Küchenzwiebel.

„*Die Ehe leidet oft im Alter Not, drum iss viel Schalotten zum Fest und zum Brot.*“ Volksweisheit

Silberzwiebeln, frisch aus dem Glas

Silberzwiebel *(Allium ampeloprasum var. holmense)*

Diese Zwiebelart - auch Perllauch, Sommerlauch oder Weinlauch genannt - ist eine Varietät vom Porree und wird hauptsächlich in südlichen Ländern industriell angebaut.

Die kleinen Zwiebeln haben keine Hülle wie z.B. unsere Küchenzwiebel. Sie werden bereits ab Juni geerntet, dann haben sie einen Durchmesser von etwa 2 cm. Die größeren Zwiebeln werden für den Verbrauch verarbeitet, die kleineren kommen im August wieder in den Boden. Das zart silbern schimmernde Häutchen (darum Silberzwiebel genannt) des Zwiebelkörpers trocknet relativ schnell aus.

Wurzelansatz des Porree »

Der Reihenabstand beträgt 20 – 25 cm und in der Reihe etwa 15 cm; sie überstehen die Winter gut. Leichte und ertragreiche Böden sind für den Anbau der Perlzwiebeln optimal. Die Zwiebelpflanze mit dem nestartigen Anhang zahlreicher kleiner Zwiebeln wird bei der Ernte ganz aus dem Boden genommen. Nach dem Abtrocknen wird sortiert und dem jeweiligen Verwendungszweck zugeordnet. Bei der Ernte übersehene Zwiebeln können sich schnell zu „Unkraut" im nachfolgenden Anbau entwickeln.
Silberzwiebeln werden als Delikatessgemüse gehandelt. Sie werden hauptsächlich für Konserven verarbeitet oder frisch als zarte Beigabe verwendet.

Wer Porree überwintern lässt und ihn dann noch weiter kultiviert, kann am Wurzelansatz ebenfalls kleine Perlzwiebeln ernten. Die sich ausbildende Blüte wird entfernt, um die Zwiebelbildung zu fördern.

Etagenzwiebeln

Etagenzwiebel *(Allium cepa var.viviparum)*

Etagen- oder Kartoffelzwiebel, Luftzwiebel, Baumzwiebel, Schlangenlauch, Ägyptische Zwiebel, lebend gebärende Zwiebel, Rockenbolle oder auch Roquembolle wird sie genannt. Man findet sie als Nutzpflanze noch in vielen Liebhaber- und auch in alten Bauerngärten.

Zur Zeit von Kaiser Napoleon wurde sie in unseren Breiten eingeführt. An den Enden der hohlen Stängel bilden sich keine Blüten sondern kleine Brutzwiebeln. Sie wachsen dann im Laufe der Vegetation zur Steckzwiebelgröße heran.

Sie können roh verzehrt oder in vielfältiger Art in der Küche verarbeitet werden. Im Spätsommer werden sie – geschält - gern zum Einlegen in Gewürzgurken verwendet.

Etagenzwiebeln während der Vegetation. »

Diese mehrjährige Pflanze wird bis zu 50 cm hoch, der Anbau gelingt auf jedem Boden. Sie möchte aber gern in voller Sonne stehen.
Im Spätsommer oder auch noch im Herbst werden die kleinen Zwiebeln im Abstand von 10 – 15 cm etwa 2 cm tief in den Boden gesteckt. Lässt man die Zwiebeln an der Mutterpflanze, knicken die Stängel um. Liegen die Zwiebeln auf dem Erdboden auf, bilden sie gleich Wurzeln und vermehren sich „von selbst“. Im Frühjahr kann man auch Lauch ernten, aber dadurch wird die Ausbildung der Jungzwiebeln deutlich in den Herbst verlagert.

Perlzwiebel *(Allium porrum var. sectivum)*

Die Perlzwiebel ist ausdauernd und hat eine kleine, aber wichtige Besonderheit: dicht unter der Erdoberfläche werden Nester mit den kleinen begehrten Zwiebeln gebildet. Die Häute dieser Zwiebelchen schimmern weiß bis silbern. Es gibt viele Nebenzwiebeln mit einem Durchmesser von 2 – 4 cm. Nur über diese Zwiebeln ist eine Vermehrung möglich. Sie haben eine ganz geringe Lagerfähigkeit und werden deshalb bereits im August wieder in die Erde gebracht.

\`Unechte\` Perlzwiebeln werden aber auch ausgebildet, wenn man Porree überwintern und dann eine weitere Vegetationsperiode stehen lässt. Bei der Blüte des Porrees bilden sich zahlreiche Brutzwiebeln, die wie Perlzwiebeln in der Küche verwendet werden können.
Industriell werden Perlzwiebeln hauptsächlich zu Mixed Pickles oder ähnlichen Konserven verarbeitet.

Schaderreger

Auch Zwiebeln werden von Krankheiten und Schädlingen heimgesucht. Sie haben beim industriellen Anbau aber einen ganz anderen Stellenwert als im Hausgarten. Zu den Schaderregern gehört auch die Zwiebelfliege.

Die Zwiebelfliege erscheint Anfang bis Mitte Mai und legt ihre Eier an der Zwiebel ab. Die geschlüpften Larven fressen sich in den Zwiebelkörper hinein und schädigen ihn. Dann wandern sie in der Zwiebelreihe weiter. Die befallenen Jungzwiebeln werden durch den Fraß gelb und sterben ab. Ältere Zwiebelpflanzen verjauchen von innen, verkümmern und werden gelb.
Ab Mitte Juli tritt bereits die zweite Generation der Zwiebelfliege auf. Sie fressen aber gewöhnlich nur in einer inzwischen größeren Zwiebel und wandern nicht weiter.
Zwiebelnetze aus dem Fachhandel verhindern den Anflug.

Die Zwiebelfliege hat „ganze Arbeit" geleistet.

Die Grauschimmel- oder Halsfäule tritt meist erst im Lager auf und kann dann nicht mehr behandelt werden. Die weitere Ausbreitung kann durch das gründliche Auslesen der befallenen Zwiebeln gemindert werden. Falsche Fruchtfolgen, Fehler bei der Düngung oder zur Erntezeit können die Ursachen dafür sein.

Treten zuerst gelbe, sich später braun färbende Flecken am Lauch der Zwiebel auf, ist meist der Falsche Mehltau daran schuld.

Erkrankte Pflanzenteile müssen aus dem Bestand entfernt werden.

Zwiebeln zur Wachstumsförderung und Schaderregerabwehr

Allgemein bekannt ist, dass Zwiebeln die Möhrenfliege vertreiben und Möhren die Zwiebelfliege. Deshalb wird immer eine Mischkultur dieser beider Pflanzenarten empfohlen.

Zwiebelsud soll aber auch gegen Schnecken- und Raupenbefall helfen. Wer biologisch gärtnert, kommt ohne Pflanzenjauche oder -brühe kaum aus. Die Mittel unterstützen das Wachstum unserer Kulturpflanzen und wehren zugleich verschiedene Schaderreger ab.
Wer Kräuterjauche herstellen will, sollte folgendes beachten: Die geeigneten zerkleinerten Pflanzenteile werden mit Wasser bedeckt in einem geeigneten Gefäß angesetzt. Nach 1 bis 3 Wochen ist diese Brühe fertig und kann verdünnt im Verhältnis bis 1:10 verwendet werden.

Zwiebelschalen-Jauche

Zwiebelschalen und grüner Zwiebellauch (Menge kann selbst bestimmt werden) werden mit 10 l Wasser bedeckt angesetzt. 4 – 7 Tage ziehen lassen. Diese Jauche wird verdünnt (bis 1:10) gegen Milben und Pilzkrankheiten, wie Tomatenbraunfäule, eingesetzt.

Zwiebel – Tee für Pflanzen

75 g zerkleinerte Zwiebeln werden mit 10 l kochendem Wasser angesetzt, dann etwa 15 Minuten ziehen lassen. Die erkaltete Brühe abseihen und bei Erdbeermilben, anderen Milben und Pilzkrankheiten auf die Pflanze gießen.

Zwiebelschalen Tee

20 g Zwiebelschalen werden mit 1 000 ml kochendem Wasser überbrüht. Nach dem Erkalten bespritzt man die Pflanzen mit diesem Sud. Diese Anwendung hilft gegen Spinnmilben und Blattläuse. Es wird empfohlen mindestens 4mal in zwei Wochen zu gießen oder zu spritzen.

Zwiebelernte und -lagerung

Der Lagerung geht die Ernte voraus. Die Zwiebeln sollen dabei auf keinen Fall umgeknickt werden – aber das wird immer wieder aus „alter Tradition“ so gemacht. Das führt zum abrupten Abschluss des Wachstums und mindert auch die natürliche Ausreifung der Zwiebeln. Wenn das Laub, auch Schlotten genannt, auf natürliche Art fast bis zur Hälfte abgestorben ist, kann mit der Ernte begonnen werden. Erst dann holt man sie vorsichtig mit einer Grabegabel aus dem Boden. Bei schönem Wetter lässt man sie noch einige Tage auf dem Beet liegen. Diese Nachreife fördert die Haltbarkeit der Zwiebeln wesentlich. Bevor sie dann ins Lager oder zur weiteren Verarbeitung kommen, werden anhaftende Erde und das bereits ganz trockene Laub entfernt. (Sollen aber daraus Zwiebelzöpfe gebunden werden, muss soviel Laub wie möglich an der Zwiebel bleiben.) Es wird nicht abgeschnitten, sondern abgedreht. Dabei entfernt man wirklich nur das trockene überflüssige Laub.

Gelagert wird mit viel Luftzufuhr und möglichst frostfrei. Bekommen die Zwiebeln aber trotzdem etwas Frost ab, dann bitte nicht anfassen oder umlagern. Lieber abwarten bis es wieder frostfrei ist.

Alt und „bewährt“ ist der Brauch, die Zwiebeln um Johanni (24.06.) umzulegen, umzutreten oder auch zu „latschen“, um die Abreife zu beschleunigen.

Häufig werden die Zwiebelröhren umgelegt, um die Abreife zu beschleunigen. Dabei ist der richtige Zeitpunkt entscheidend. In nassen Jahren kann es empfohlen werden. »

Kurz über dem Zwiebelhals wird das Laub umgelegt, nicht abgeknickt.

Im Brandenburgischen glaubt man daran, dass ein nackter Mann an Johanni die Zwiebeln umknicken muss.

Wer seine selbst angebauten Zwiebeln einlagern möchte, lässt sie vorher gut auf dem Beet abtrocknen - oder hängend in einer luftigen trockenen Umgebung.

Erdreste und lose Schalen werden danach vorsichtig entfernt. Die trockenen Zwiebeln können bis 15 cm hoch geschichtet gelagert werden.

Bild unten:
Kleinere Mengen Zwiebeln kann man auch lose – wie hier unter einem Dachvorstand auf der Terrasse - trocknen.

Höher geschichtete Lagerbestände lassen sich nicht gut kontrollieren. Gleich nach der Ernte gebunden oder geflochten, können die Zwiebeln an frostfreien Stellen hängend besser überwintern.

Zwiebeltrocknung durch Aufhängung

Wenn die Zwiebeln Frost abbekommen: nicht berühren, solange Frost in ihnen steckt und danach möglichst bald verbrauchen.

Zwiebeln können auch eingefroren werden. Weil Speisezwiebeln aber ganzjährig im Angebot sind, wird diese Methode selten praktiziert. Das Einfrieren fertiger Zwiebelgerichte (Suppen, Kuchen etc.) ist üblich.

Bild unten:
Zwiebelgroßlager in Calbe/Börde

Traditionspflege und Brauchtum

Zwiebelmärkte

Die beliebten regionalen Zwiebelmärkte haben eine lange Tradition. Einige möchten wir hier - stellvertretend für alle großen und kleinen Märkte um die Zwiebel - vorstellen.

Der traditionelle Zwiebelmarkt in Weimar/Thüringen ist seit 1653 in Form eines „Viehe- und Zippelmarckt" nachweisbar.
Immer am zweiten Wochenende im Oktober wird dieser Markt alljährlich durchgeführt. Nach entsprechender Prüfung wird auch die Zwiebelmarktkönigin für ein Jahr gewählt. In dieser Zeit repräsentiert sich Weimar und natürlich auch die Zwiebeln bei zahlreichen Anlässen.

Auf dem Weimarer Zwiebelmarkt kaufte einst schon der Geheimrat J. W. von Goethe seinen Zwiebelvorrat ein - und er war gerne dort zu Gast.
Der Dichterfürst, Johann Wolfgang von Goethe, aß gerne Zwiebeln; er soll die Heil- und Würzkraft der Zwiebel geschätzt haben. Die auf dem Weimarer Markt erworbenen Zwiebelzöpfe befestigte er an seinem Schreibtisch. Sein Haus soll in der Herbstzeit mit Zwiebeln geschmückt gewesen sein.

« Die beliebten Zwiebelzöpfe

Zwiebeln in Kränzen verarbeitet

Die bekannten Zwiebelzöpfe sind heute wie damals sehr beliebt. Diese Märkte locken auch mit der Vielfältigkeit ihrer Angebote und sind immer wieder einen Besuch wert.

Heute und auch damals waren nicht nur die beliebten Zwiebeln im Angebot, sondern alles was man in Küche und Keller, an Gemüse, Kräutern und Zubehör benötigte.

In Apolda trifft man sich immer am letzten Septemberwochenende eines jeden Jahres zum Zwiebelmarkt. Die Chronisten können den schriftlichen Nachweis über einen Apoldaer Zwiebelmarkt erst ab dem 4. November 1886 belegen. Stattgefunden hat er gewiss schon seit langer Zeit...

Grüße vom
Zwiebelmarkt

Früher wurde der Großraum um Borna/Sachsen auch „Zwippel-Borne“ genannt. Auch in diesem Anbaugebiet lebten viele Menschen von und mit der Zwiebel. Die Zwiebel war für die Region Borna so wichtig, dass jährlich um einen Pokal gewetteifert wurde. In jedem Herbst wurde der Produzent der größten Küchenzwiebel damit geehrt. Lang, lang ist es her...

Dieser prächtige Pokal kann im Museum der Stadt Borna besichtigt werden. Aber ganz wurde die Zwiebel aus dem Leben der Stadt Borna bisher noch nicht verdrängt. Jährlich veranstaltet der VolksSportVerein `77 Borna einen Rundlauf mit Musik: den Zwiebellauf. Der Preis für jede Runde ist – eine Zwiebel. Im Jahre 2010 wurde traditionell der 24. Lauf absolviert.

Am ersten Wochenende im September wird in der Rolandstadt Calbe/Saale das traditionelle königliche Bollenfestival gefeiert. Jährlich werden anlässlich dieses Festes rund um die Bolle – die Zwiebel, auch eine `Bollenkönigin` und ein `Bollenkönig` ins Amt eingeführt.
Rund um Calbe werden seit dem 16. Jahrhundert `Bollen` angebaut; im Jahre 1591 wurde dies sogar urkundlich erwähnt.

« Gruß vom Zwiebelmarkt Apolda, (Postkarte)

Zwiebelpokal »

Es ist eines der größten Zwiebel-Anbaugebiete in Deutschland. In der Calbenser Handelsgesellschaft mbH Agrargenossenschaft Calbe e.G. wird die Calbenser Premium -Zwiebel angebaut und gehandelt.

Auch in Zerbst/Sachsen-Anhalt wird an jedem ersten Wochenende im Oktober die Zwiebelkönigin auf dem traditionellen Bollenmarkt gekürt. Bei diesem beliebten Volksfest wird `Zerbster Bollenfleisch´ serviert. Siehe Rezeptteil.

Jedes Jahr geht es am 4. Montag im November in Bern/Schweiz um die „Zwiebel". An dem Tag findet der traditionelle „Zibelemaerit" statt. Auf diesem typischen Zwiebelmarkt kann man alles kaufen, was rund um die Zwiebelernte regional angebaut wird. Der Wintervorrat wird eingekauft; Zwiebelzöpfe, Zwiebelkränze und Zwiebelfiguren gehen über die unzähligen Ladentische - und Zwiebelkuchen wird verspeist. Hier geht es aber spätestens um 5 Uhr in der Früh mit dem bunten Treiben los!
Der Ursprung soll im 15. Jahrhundert liegen, laut einer Verordnung von Anno 1439. Dieser über die Landesgrenzen bekannte „Zibelemaerit" wird heute als großes Volksfest gefeiert.

Diese Sondermarke zu 70 Rappen (Ersttag 19. November 2003), deren Entwurf bei einer Publikumsumfrage aus acht Vorschlägen ausgewählt wurde, würdigt den Berner Zibelemaerit (Zwiebelmarkt). Der Kenner sieht eine Komposition aus Zwiebeln und der Silhouette der Berner Altstadt.

Zwiebel´linchen, entdeckt beim Apoldaer Zwiebelmarkt. »

Die Bretagne liefert aus dem Nordwesten (Roscoff) eine vorzügliche rosa Zwiebel. Sie ist mild aber zugleich intensiv im Geschmack. Beim Dünsten in der Pfanne wird sie süßlich, zum Zopf gebunden hält sie sich lange frisch. Bereits im 17. Jahrhundert wurde diese Zwiebel über den Ärmelkanal nach England exportiert; das und vieles mehr erfährt man im Zwiebelmuseum in Roscoff. Beim jährlich stattfindenden Sommerfest serviert man auch kulinarische Köstlichkeiten von diesem Gemüse.

Im südlichen Ungarn, nahe der Puszta liegt die Kleinstadt Mako`. Sie ist schon lange wegen ihrer besonderen Zwiebeln über die Landesgrenzen hinaus bekannt. Diese Zwiebeln haben wegen der Bodenbeschaffenheit und der vielen Sonnentage einen intensiven Geschmack. Jedes Jahr im September gibt es ein zünftiges Zwiebelfest.

1882 gab es für diese Zwiebel in Brüssel eine Goldmedaille. Die Stadt hat der Zwiebel zu Ehren ein Denkmal errichtet. Außerdem wurde das Theater in Zwiebelform erbaut.

Im bayrischen Beilngries wird im Rhythmus von 2 Jahren ein Zwiebelmarkt durchgeführt. Die Beilngrieser Zwiebelkönigin wird auch hier gekürt und sie präsentiert sich auf diesem Gemüse- und Handwerkermarkt.

Für die Höri - Bülle wird jährlich am ersten Oktobersonntag ein Markt abgehalten. Im alemannischen Sprachraum wird die Zwiebel `Bülle`genannt. Die Höri ist eine Halbinsel am Bodensee und das traditionelle Anbaugebiet für diese flachrunde rote Zwiebelsorte.

《 Thermometer in Zwiebelform / Agrargenossenschaft Calbe e.G

Gute Ernte... 》

ziki
GARTEN GmbH

Zwiebeln und Kultur

Auch das Brauchtum um die Zwiebel ist Kultur im weitesten Sinne. Nicht nur kulinarisch spielt sie eine große Rolle – auch literarisch und bildlich wurde sie in vielfältiger Art `verewigt`.
Einige Beispiele dazu:
Vom Ende seiner Kindheit und dem Beginn des zweiten Weltkrieges erzählt Günter Grass in seinem Buch „Beim Häuten der Zwiebel“.

Pablo Neruda schrieb eine „Ode an die Zwiebel“.
Hier die ersten Zeilen:

Zwiebel,
leuchtende Phiole,
Blütenblatt um Blütenblatt
Formte deine Schönheit sich,
kristallene Schuppen
ließen dich schwellen,
und im Verborgenen der dunklen Erde
füllte dein Leib sich an mit Tau.

Ein Theaterstück, das kolumbianische Flüchtlinge auf Tournee durch Deutschland spielten, hieß „Das Herz der Zwiebel“.

Poetisch wird die Vielschichtigkeit des Lebens mit den vielen Häuten der Zwiebel verglichen.
Im Märchen „Die weiße Zwiebel“ warnt der Vater auf dem Sterbebett seinen Sohn vor der „weißen Zwiebel“. Der Sohn denkt, es handelt sich um die Gemüsefrucht und läuft immer weg, wenn er Zwiebeln sieht. Eines Tages klären ihn seine Freunde auf: sein Vater meinte ein loses Weib, das die Männer nur verspottet und ihnen das Geld aus den Taschen zieht. Er fällt auch auf so eine Schöne herein und verliert viel Geld beim Spiel mit und um das Weib. Er hält sich aber an einen guten Rat und alles wird gut.

Eine Sage aus der Uckermark „Der Wahnsinnige mit der Zwiebel“ erzählt von einem jungen Mann, der Frauen an Beltane bei ihren spirituellen Handlungen beobachtete. Eine Katze kratzte ihm deshalb die Augen aus. Er wurde wahnsinnig und kehrte erst nach vielen Jahren in sein Dorf zurück. Immer wenn er ein schönes Mädchen sprechen hörte, biss er in eine Zwiebel und weinte bitterlich. Er war zu neugierig gewesen und das war die harte Strafe dafür.

Beltane ist irisch und diese Zusammenkünfte finden wie bei uns als Walpurgisnacht vom 30.4. zum 1.5. statt.

Auch in der Malerei wurde die Zwiebel oft verewigt, besonders in prächtigen Stillleben.

Bild oben:
Diese flachrunden roten Zwiebeln wurden auf einem Bauernmarkt in Jalta/Krim angeboten.
Bild unten:
Peter Sneyer (1681 – 1752) Stillleben mit Gemüse / Woronzow Palast, Krim

Das Zwiebelmuster auf einfacher Keramik oder königlichem Meissner Porzellan ist weltweit bekannt. In China, dem Ursprungsland des Porzellans, war das Zwiebelmuster bereits zur Mingzeit (1368 – 1644) bekannt. Dieses Zwiebelmuster zeigt aber keine Abbildung unserer Zwiebeln sondern:
Granatapfel, Pfirsich und Zitrone - drei gesegnete Früchte.
Unser traditionelles beliebtes Zwiebelmuster wird auch noch heute verwendet und gern gekauft. Natürlich gibt es zum Zwiebelmustergeschirr auch die passende Tischwäsche.

Das beliebte Zwiebelmuster

Wunderschöne Zwiebeltürme schmücken Russisch-Orthodoxe Kirchen. Sie werden auch Zwiebelhaube oder Zwiebelkuppe genannt. Diese Dächer mit einer geschweiften Oberfläche in Zwiebelform entstanden aus der welschen Haube und wurden im Rokoko und Barock besonders ausgeprägt.

Prächtige Zwiebeltürme als Wahrzeichen der Russisch-Orthodoxen Kirche. Newski - Kathedrale in Jalta

Auch einen Zwiebelfisch, Uckelei genannt, gibt es.
Im Druckgewerbe spricht man vom Zwiebelfisch, wenn Lettern einer anderen Schriftart in den Text geraten.

« Die Agrargenossenschaft Calbe e.G. hat eine Zwiebel aus Stein vor dem Eingang stehen

Modernes `Stillleben` mit Kürbis und Zwiebel »

Der doppelte Zwiebelapfel galt in vergangenen Zeiten als die beste Apfelsorte zur Herstellung von Dörrobst.
Eine bekannte Apfelsorte aus Baden, der „Purpurrote Zwiebelapfel“, hat kleinere wohlschmeckende Früchte.
Der bekannte Hokkaido Kürbis wird wegen seiner Form auch „Zwiebelkürbis“ genannt.

Auch im Aberglauben hat die Zwiebel eine bedeutende Stellung. Weithin bekannt ist der „Zwiebelkalender“ mit Regeln für den Anbau und als Orakel.

In der Silvesternacht werden 12 halbe Zwiebeln oder nur Zwiebelschalen auf 12 Teller verteilt und mit Salz bestreut. Jedes Zwiebelteil erhält den Namen eines Monats. Am nächsten Morgen erkennt man an der Menge der abgeschiedenen Flüssigkeit, wie viel Niederschlag im jeweiligen Monat zu erwarten ist.

Im Erzgebirge wurde nicht erst der nächste Morgen abgewartet - aus purer Neugier wurde schon nach einer Stunde nachgesehen und des Orakels Lösung gedeutet, erinnert sich der Autor.

Der Zwiebel-Look bezeichnet die Ankleideform: mehrere Stücke übereinander anziehen. Beim Ankleiden wird das Prinzip der Zwiebel übernommen: Viele Schichten liegen übereinander und wärmen besser als ein dickes Teil. Außerdem kann man sich bei Bedarf auch „Schalenweise“ ausziehen und sich immer gut an die jeweilige Temperatur anpassen.

Ostereier und Teppiche färben

Unzählige Eier werden zum Osterfest gefärbt. Dazu werden auch sehr gerne Naturfarben verwendet. Auch Zwiebelschalen sind ein bekanntes Färbemittel.

Die Eier werden zuerst in Essigwasser gewaschen. Danach nehmen die Schalen – roh und ausgeblasen oder bereits gekocht - die Farben besser an. Die zukünftigen Ostereier werden hart gekocht und langsam ohne Abschrecken abgekühlt. So behandelt, bleiben sie nach dem Färben bei Zimmertemperatur ca. 14 Tage essbar.

Eier färben:
500 g gelbe Zwiebelschalen werden in 750 ml Wasser zu einem Sud gekocht. Nach dem Abseihen der Schalen 2 EL Essig zugeben. Nun die Eier in den Färbesud geben und warten bis die gewünschte Farbe erreicht ist. Eine intensive Ausfärbung kann 30 Min. dauern.
Nach dem Abtrocknen auf Küchenkrepp/Papier werden die Eier mit Speckschwarte oder einem Tropfen Öl abgerieben. Nun sind sie zum `Anbeißen` schön.
Diese natürlich gefärbten Eier nehmen die Farbe - je nach Schale - unterschiedlich an.

Auch zur Teppichfärberei werden Zwiebeln verwendet.

Zwiebeln und die daraus entstandenen verschiedenen Farbvarianten. Rohe Eier wurden zum Farbvergleich mit Hasensymbol bemalt.

Das Ergebnis der Färberei ist immer wieder spannend.
Bild unten: Gefärbte Wolle in der Teppichknüpferei. Das Gelb stammt von den Zwiebelschalen.

Inhaltsstoffe der Zwiebel

Zwiebeln enthalten verschiedene Vitamine und Mineralstoffe. Antibiotische Stoffe, wie Allicin, die den Körper bei der Abwehr von Krankheiten stärken, sind natürlich besonders wertvoll. Sie sind keimhemmend und keimtötend. Sie wirken positiv auf das Herz-Kreislauf-System und regen die Bauchspeicheldrüse an. Die volle Wirkung tritt aber nur dann ein, wenn Zwiebeln roh verzehrt werden.

Inhaltsstoffe je 100g	Küchenzwiebel	Gemüsezwiebel
Brennwert	117 kJ / 28 kcal	117 kJ / 28 kcal
Fett	0,3 g	0,25 g
Kohlenhydrate	4,9 g	5,0 g
Eiweiß	1,2 g	1,0 g
Cholesterin	0,0 g	0,0 g
Ballaststoffe	1,3 g	1,8 g
Natrium	9mg	9 mg
Kalium	175mg	175mg
Calcium	27mg	27mg
Phosphor	36 mg	36 mg
Eisen	0,5 mg	0,5mg
Fluor	0,04 mg	0,04mg
Schwefel	50 mg	50 mg
Selen	Spur	Spur
Vitamine	A, E, C, B1 B2	A, E, C, B1 B2
	Vit. C-Gehalt : 6,4-7mg/max.10mg	Vit. C-Gehalt : 6,4-7mg/max.10mg

Eine Zwiebel besteht zu 89 % aus Wasser. Sie wirkt antioxydativ und wird präventiv bei Herz-Kreislauf-Erkrankungen und Krebs empfohlen. Deshalb gehört auch die Zwiebel zu den besten pflanzlichen Versorgungsquellen.

Die Meinungen zum Zwiebelverzehr waren schon immer gegensätzlich. Nicht jeder kann mit dem Geruch und den weiteren Ausdünstungen anderer Menschen umgehen.

Hildegard von Bingen schreibt zu diesem Gewürz und Gemüse: *„Die Zwiebel hat nicht die rechte Wärme, sondern scharfe Feuchtigkeit…Sie ist roh gegessen schädlich und giftig wie der Saft unnützer Kräuter. Gekocht aber ist sie gesund zu essen, weil durch das Feuer das Schädliche in ihr gemindert wird…Jenen aber, die magenkrank sind, bereitet sie roh wie auch gekocht, Schmerzen…“.*

Anderer Meinung ist der griechische Arzt Asklepios, der Äskulap – Gott der Heilkunst. Er vermerkt: *„dass sie dem Magen überaus gut tut…Wer jeden Morgen nüchtern Zwiebeln isst, der lernt sein Leben lang den Schmerz nicht kennen. Alle großen Ärzte geben kund, dass die Zwiebel, wenn man sie isst, den Schlummer bringt; ferner, dass sie heilsam den harten Leib erweicht. Mit Honig und Essig gestampft und aufgelegt, macht sie, dass Hundebisse heilen“.*

Auch Dioskurides, der wohl berühmteste Pharmakologe des Altertums, überlieferte, dass die Zwiebel bereits in der Antike zur Anregung des Appetits und auch zur Reinigung und Erweichung des Bauches eingesetzt wurde. Auch bei Ohren- und Augenleiden wurde ihre Heilkraft genutzt. Römische Legionäre brachten die Zwiebel über die Alpen mit in unsere Gegenden und so fand sie auch ihren Platz in der Klosterheilkunde.

Nach Knoblauch riecht der eine, der andere nach Zwiebeln.
Volksweisheit

Die Zwiebel als Aphrodisiaca

Auch unsere Küchenzwiebel hat den Ruf ein `Liebe förderndes` Gemüse und Gewürz zu sein.

Wenn deine Frau alt und dein Glied erschlafft, iss Zwiebeln in Mengen.
Ovid

Ein Wunder ist diese Tatsache nicht: wenn ein Gewächs so heilsam ist, hat es auch Wirkung auf die schönste Nebensache der Welt!

Einst - das ist lange her - war die Zwiebel der Mondgöttin Isis geweiht. Sie galt als gut wirkendes und verlässliches Mittel für die Liebesförderung, aber auch als Heilmittel. Die Priester der Göttin durften keine Zwiebel probieren oder gar verzehren, weil sie ein Symbol der Erotik und Zeugung war.
Schon der alte Pflanzenkenner Matthiolus (1501-1577) schrieb: *„Sie wecket die unkeuschen Gelüste“.* Deshalb sollten wir zukünftig immer eine Zwiebel mehr als erforderlich schälen und essen.
Schon früher machten das die Kerle so, die bei den Weibern Erfolg haben wollten. In einem altdeutschen Rezept wird es so beschrieben: Alte Venusritter, welche sich bei jungen Weibern beliebt machen wollen, sollen gebratene oder gekochte Zwiebeln als Salat mit Öl, Essig oder Salz zubereitet, verzehren. Unsere Vorfahren wussten genau Bescheid!
Plutarchus notierte, dass die Zwiebeln im abnehmenden Mond lebhafter sind und lustiger machen. Was er wohl meinte?
Als `Zwibolle` wurde im 16. Jahrhundert auch der paarige Männerhoden bezeichnet.

Aigremont schrieb in seinem Buch „Erotik und Pflanzen“ auch folgenden Spruch nieder:

Küchen- und Lauchzwiebel mit Knoblauch - in manches Gericht kommen alle hinein.

Es ist das Weib ein süßes Übel,
Ein leichtes und ein schweres Joch.
Es kommt mir vor wie eine Zwiebel,
Man weint dabei und isst sie doch!

Ein weiterer Spruch:

„Die Zwiebel ist ein Fräulein,
das einen zum Weinen bringt,
wenn man ihm das Röcklein auszieht."

Die Zwiebel enthält also Stoffe, die in unserem Körper die Bildung der Sexualhormone unterstützen. Landläufig ist ja auch bekannt, dass die Zwiebel eine „verjüngende" Wirkung hervorruft. Geschichten dazu werden sehr gerne weiter erzählt.

Heilanwendung

Wegen ihrer Form gilt die Zwiebel als Synonym für die Gebärmutter. Manche sahen auch ein Symbol der Vulva darin, und abgeleitet vom Aussehen wurde ihre Wirksamkeit auch diesem Bereich des Körpers zugeordnet. Die männlichen Hoden verglich man mit der Form der Zwiebel. Im alten Ägypten stand das Wort `Zwiebel` in der Signaturlehre auch für Hoden und demnach musste sie auch dort helfen. Der berühmte Spruch der alten Römer: *„Auch Zwiebeln werden nicht mehr helfen…“*, machte deutlich, dass ein Mann so impotent war, dass auch Zwiebeln, die damals als starkes Aphrodisiaca angesehen wurden, nichts mehr retten konnten.
Vielleicht hilft da ein Rezept aus Arabien: *„Zwiebelsaft, Honig und Kichererbsen ergeben einen Lust fördernden Trank“.*

Die Zigeuner sahen in der Zwiebel ein starkes Symbol für Gefühle, weil sie viele Tränen hervorruft, wenn man sie schneidet.

Im Deutschen kann der Wortursprung `zwi Bolle - zwei Bollen`, zwei Zwiebeln oder ähnliches sein…

Nun noch etwas (auch) zum Schmunzeln:
Bekannt ist, dass im alten Orient die Zwiebel zu den Liebesmitteln `par exellance´ gerechnet wurde. Und so ist die Legende übermittelt, das es Abon el Heikoukh - natürlich nach dem Verzehr einer größeren Menge Zwiebeln - in einer Nacht auf 82 Damen gebracht hat.

Offensichtlich ein Prachtkerl, der sich hoffentlich nicht dabei verzählt hat!

Küchenzwiebel als Medizin

Heilwirkungen

Dass Zwiebeln eine heilende Wirkung haben, ist seit vielen Jahrhunderten bekannt - und es wurde von Generation zu Generation übermittelt. Schon in China verordneten Ärzten einst die Anwendung des bekannten Zwiebelaufgusses bei Fieber, Kopfschmerzen, Ruhr und Cholera.

Im Mittelalter hängte man Zwiebeln auch einzeln oder in Bündeln als Abwehr gegen die Pest auf. Sie sollten die schlechte Luft aus den Räumen verdrängen.

Die Zwiebel, so wird berichtet, regt die Unterleibsorgane an und bekämpft Wassersucht.

Zwiebelsaft reinigt das Blut und senkt den Cholesteringehalt.

Auch bei Nieren- und Blasensteinen wurden sie eingesetzt. In den Kräuterbüchern des 16. und 17. Jahrhunderts kann man nachlesen, dass sie gegen Wassersucht, Eingeweidewürmer, bei Brandblasen und Warzen sowie Husten und Harnverhalten zum Einsatz kam. Äußerlich wurden in Zwiebelsud getränkte Umschläge erfolgreich bei Halsschmerzen, rauer Haut, Frostbeulen und nach Wespenstichen aufgelegt.

Die Zwiebel hemmt Entzündungen und wirkt wie ein natürliches Antibiotikum.
Sie soll die Sekretion anregen, die Verdauung fördern, Wasser heraus treiben und natürlich auch Wunden heilen. Sie ist gut gegen Grippe, Schnupfen und Heiserkeit.

Sie soll durch ihren Gehalt an Allicin einen leicht Blutzucker senkenden Effekt haben, ist aber keinesfalls zur „Selbsttherapie“ geeignet.

Einmal täglich Zwiebeln und Knoblauch essen, soll das Risiko von Magen- und Darmkrebs senken.

Bei längerer Anwendung von frischen Zwiebeln soll aber die tägliche Dosis von 100 g nicht überschritten werden, weil das Unverträglichkeiten im Magen hervorrufen kann.

Geriebene Zwiebeln oder auch frisch geschnittene Scheiben verwendete man einst in Russland bei Wunden, Geschwüren und frischen Verbrennungen. Auch heute ist noch allgemein bekannt, dass eine frische Zwiebel zeitnah auf den Mücken- oder Wespenstich gelegt wird, um Schmerzen und besonders die Schwellung zu unterdrücken.
Die Einstichstelle mit frischem Zwiebelsaft einreiben, 5 – 10 Min wirken lassen und dann mit kaltem Wasser abspülen.

Achtung: Fragen Sie im Zweifelsfall bitte immer ihren Arzt oder Apotheker!

Heilanwendungen

Nun einige gesammelte Tipps zur Anwendung der Küchenzwiebel in der Hausapotheke. Viele davon wurden auch von uns ausprobiert.

Aber auch hier gilt:
Fragen Sie im Ernstfall bitte immer Ihren Arzt oder Apotheker!

Bei Nagelverletzungen reibt man die Nägel mehrmals täglich mit der frischen Schnittstelle einer Zwiebel ein.

Bei Schlaflosigkeit sollte man jeden Abend eine mittlere rohe Zwiebel essen. Danach soll man gut schlafen können – allerdings wohl allein.

Einige große Zwiebelscheiben auf den Nacken gelegt, soll Blutstillend wirken.

Gegen schlechten Geruch im Krankenzimmer schneidet man einige Zwiebeln in Scheiben und verteilt sie auf mehrere Teller. Die werden im Krankenzimmer auf dem Fußboden verteilt und nach etwa 8 Stunden erneuert.

Zwiebelsaft, frisch gepresst, wirkt schmerzstillend bei Insektenstichen und soll auch ein gutes Mittel bei Frostbeulen sein.

Zwiebelsaft bewährt sich auch bei frischen Wunden, da er die Eiterbildung mindert.

Zwiebelsaft, allerdings abgekocht, wird zu Umschlägen bei Verbrennungen und Geschwülsten eingesetzt.

Einige rohe Zwiebeln gegessen, vertreiben die Würmer und sollen auch bei Befall durch Bandwürmer helfen.

4 Zwiebeln werden roh in kleine Stücken geschnitten und mit 4 EL feinem Zucker zugedeckt etwa 24 Stunden zum Saft ziehen weggestellt. Vom dicken Saft täglich 3 TL voll dem Kind gegen Keuchhusten verabreichen.

Bei Husten und Heiserkeit wird auch empfohlen, die austretenden ätherischen Öle einer fein geschnittenen Zwiebel einzuatmen. VORSICHT, Augenkontakt vermeiden!

Als Mittel in der Volksheilkunde wurde bei verstopfter Nase folgendes empfohlen: Zwiebelsaft auspressen und mit der gleichen Mengen Honig und süßer Sahne vermischen. Dann jeweils 4 Tropfen 5 – 6mal täglich in die Nasenlöcher träufeln.

Zwiebelsaft mit Honig ist gut bei Heiserkeit, trockenem Katarrh und Halsentzündungen.

Zwiebelschalen auf frisches Fleisch legen, denn Fliegen meiden starken Zwiebelgeruch und bleiben dem Fleisch fern.

Auch zur Haarpflege wird die Zwiebel empfohlen. Eine geschälte und fein gehackte Zwiebel wird 4 Wochen lang in 125 ml hochprozentigem Alkohol angesetzt, danach filtriert und fertig ist das Haarwasser. Damit die Kopfhaut täglich massieren.

Heilanwendung

Zwiebeltee

Dieser Zwiebeltee wird aus 2 mittelgroßen Zwiebeln hergestellt. Die äußere und noch festsitzende Hülle bleibt beim Kochen mit 1 000 ml Wasser und 100 g Kandiszucker am Zwiebelkörper. Die Zwiebeln werden etwa 10 – 15 Min. leicht gekocht.

Zutaten:
2 Zwiebeln,
1000 ml Wasser,
100 g Kandiszucker

Der fertige Tee wird lauwarm mehrmals am Tag schluckweise getrunken. Er vertreibt auch den hartnäckigsten Husten.

Zwiebelsaft

Zwiebel schälen und Ringe schneiden, mit dem Zucker und Wasser bedeckt aufkochen. Danach 6 Stunden ziehen lassen, Abseihen und vom Saft 3mal täglich 1 Esslöffel voll einnehmen.

1 mittelgroße Zwiebel,
1 EL Zucker, Wasser

Schleimlösende und Auswurffördernde Eigenschaft; auch gegen Trägheit der Verdauung

Zwiebelsuppe

Zwiebeln schälen, in Ringe schneiden und im Öl goldgelb andünsten. Majoran zugeben und mit der Gemüsebrühe auffüllen, 20 Min. köcheln lassen. Dann den Wein zugeben und mit etwas Salz und frisch gemahlenem schwarzen Pfeffer kräftig abschmecken. Heiß servieren.

500 g Zwiebeln,
1000 ml Gemüsebrühe, 1
25 ml Weißwein,
4 EL Öl,
1 TL getrockneter Majora
Salz, Pfeffer

Diese Suppe wärmt kräftig durch, schmeckt gut, regt die Sekretion der Schleimhäute an und ist gut bei Erkältung und Schnupfen.

Zwiebel – Abkochung

Zwiebel schälen und zerkleinern. Im Wasser auf die Hälfte einköcheln lassen.

Zutaten:
1 Zwiebel,
250 ml Wasser

Bei Erkältung täglich 3 – 4 EL einnehmen.

Zwiebel – Essenz

Zwiebeln schälen, in Streifen schneiden und in eine Flasche füllen. Den Kornbranntwein auffüllen bis die Flasche richtig voll ist, ca. 2 – 3 Wochen warm stehen lassen.

2 Zwiebeln,
1 Flasche
Kornbranntwein

Mit dem Zwiebel - Branntwein wird mehrmals täglich bei unangenehmen Phantomschmerzen etc. eingerieben.

Hustensaft

Zwiebeln schälen und fein hacken, im Wasser kochen bis sich der Zucker aufgelöst hat. Nach dem Abkühlen abseihen und abfüllen; etwa 1 Woche im Kühlschrank haltbar.

100 g Zwiebeln,
100 g Kandiszucker,
250 ml Wasser,
1 TL getr. Salbei,
1 TL getr. Thymian

Kinder 3-6 J.: 3x tägl. 1 EL und Kinder ab 7 J.: 3x tägl. 2 EL.

Zwiebelwein

Zwiebeln schälen und fein schneiden, mit trockenen Weißwein und dem Honig vermengen und in einer Flasche etwa 2 Wochen fest verschlossen abstellen. Zwiebelwein danach durch ein Sieb abseihen und morgens jeweils 3 EL voll trinken. Wird als gutes Mittel bei Nierenleiden empfohlen.

200 g Zwiebeln,
100 g Honig,
700 ml Weißwein

Zwiebelsud

Zwiebel schälen und mit dem kochenden Wasser übergießen, max. 1 Min ziehen lassen. Abgießen und den Sud noch warm (nicht heiß) trinken.

Gut bei Erkältung und Husten.

Zutaten:
1 mittelgroße Zwiebel,
1 Tasse Wasser

Zwiebelwickel

Zwiebel schälen, halbieren, Scheiben schneiden, leicht zerquetschen und in das Stofftaschentuch einwickeln. Auf das schmerzende Ohr legen, die Folie darüber legen und mit einem Tuch am Kopf fixieren.
Es wird auch empfohlen, die Zwiebel vorher 2 Min. in kochendem Wasser zu erwärmen.

Das Zwiebelpäckchen muss direkt auf dem Ohr liegen, die Folie soll das Entweichen der Dämpfe verhindern. Empfohlen wird auch, den Wickel zur besseren Wirksamkeit leicht zu erwärmen. Abends auflegen und über Nacht einwirken lassen.

1 Zwiebel,
1 Stofftaschentuch,
1 Tuch, 1 Folie

Zwiebel - Kartoffel - Wickel

Kartoffeln kochen und zerquetschen. Zwiebel schälen und in Scheiben schneiden. Vermischt zusammen in den Leinensack oder ein Tuch geben, flach formen und nicht zu heiß um den Hals binden.

Bei Schluckbeschwerden und Halsschmerzen anwenden.

1 Zwiebel,
3 Kartoffeln,
Leinensack/Tuch

Zwiebel - Hustenbonbons

Zwiebel schälen und reiben. Zucker im kochenden Wasser rasch schmelzen bis er lichtbraun geworden ist. Honiggelb ist optimal, zu dunkel schmeckt er bitter!
Zwiebel zugeben, kräftig verrühren, leicht einkochen bis die Masse kandiert. Dann auf einem mit Backpapier belegtem Blech ausstreichen. Nach dem Abkühlen in Stücke schneiden.

Zutaten:
1 große Zwiebel,
500 g Zucker,
2 EL Wasser

Zur Linderung von Heiserkeit, trockenem Katarrh und Brustverschleimung bestens geeignet.

Zwiebel – Hustensirup

Zucker im Wasser aufkochen. Zwiebel schälen, ganz klein schneiden und in das heiße Zuckerwasser geben. Gut umrühren, Abkühlen lassen.

1 Zwiebel,
3 EL Zucker,
125 ml Wasser

3 - 5 x täglich 1 - 2 Teelöffel zur Linderung bei Erkältungskrankheiten einnehmen.

Frische Zwiebeln, Bauernmarkt in Jalta/Krim.

Zwiebeln in der Küche

„Zwiebeln passen zu allem, außer Griesbrei"
Volksmund

Wir haben für dieses Buch Rezepte ausgewählt, in denen Zwiebeln vorrangig verwendet werden.

Es soll, so behaupten die Zwiebelfans, kein gesünderes Gewürz als die Zwiebel (gleich nach dem Knoblauch) geben. Ob roh, gekocht oder geröstet, in feinen Scheiben, ganz fein gehackt oder gerieben - in Soßen, Braten, Salaten oder in Schmalz - die Zwiebel passt in der geeigneten Menge überall hin.

Tipps zur Verarbeitung in der Küche

Wer auf Zwiebeln nicht verzichten möchte, aber den Geruch und auch die Schärfe reduzieren muss, kann die Zwiebeln auch blanchieren oder vor der Verarbeitung etwa 15 Min. mit etwas Salz bestreut stehen lassen, danach gründlich mit kaltem Wasser abspülen.

Zwiebelgeschmack ohne Zwiebelstücke: Dazu reibt man das Gefäß mit einer frisch angeschnittenen Zwiebel aus.

Einen kräftigen Zwiebelgeschmack erhält man durch Zugabe von frisch geriebener Zwiebel.

Glasig dünsten heißt es in vielen Rezepten:
Die Zwiebeln werden bei geringer Hitze angebraten. Öfter umrühren, sonst brennen sie an.
Am besten gelingen sie in einer zugedeckten Pfanne bei niedrigen Temperaturen.

Röstzwiebeln: werden schön goldgelb, wenn man die Zwiebelringe vorher in Mehl wendet.

Lässt man Zwiebeln, Zwiebelringe oder Zwiebelscheiben zu lange braten, werden sie dunkel oder sogar schwarz und fast ungenießbar. Sie schmecken deutlich bitter und dieser Geschmack geht auch auf die Zutaten des gesamten Gerichtes über.
Der einfachste Lösung: schnell frische Zwiebeln braten.

Zwiebeln können zusammen mit anderen Gemüsearten wie Grünen Bohnen, Kohl, Lauch, Paprika, Sellerie und Tomaten gegart werden.

Zwiebeln schälen und schneiden

Es steht im Acker,
Und hält sich wacker,
Hat viele Häute,
Beißt alle Leute.
Volksrätsel

Das leidige Problem mit den tränenden Augen...

Ursachenforschung
Traurig sitzt die Frau zu Haus,
weint sich schier die Augen aus;
Gulasch gibt es, und der Mann
sieht mitleidsvoll die Liebste an.

„Warum bist du so betrübt?“
fragt er, „du wirst doch geliebt!“
Doch die Frau schluchzt immerzu:
„Die Zwiebeln sind es – und nicht du!“

Oskar Stock * 1946

Eine Zwiebel hat viele Häute.
Volksweisheit

Beim Schneiden wird das Tränen treibende Allicin freigesetzt, das sehr flüchtig und auch instabil ist. Diese Schwefelverbindungen sind letztlich auch die Ursache dafür, dass unsere Augen tränen.
Zum Zwiebelschneiden immer ein scharfes Messer verwenden, stumpfe Messer zerdrücken die Zwiebel und setzen noch mehr Allicin frei. Die Messerklinge soll vor dem Schneiden mit kaltem Wasser angefeuchtet werden.

Empfohlen wird auch, Zwiebeln unter Wasser/Wasserstrahl zu schneiden oder kurz vor dem Schälen in Wasser „einzuweichen". Feuchte Zwiebelhaut lässt sich leichter entfernen.

Tipps zum Schneiden:
Hände, Messer und auch das Schneidebrett kurz unter kaltem Wasser abspülen, das mindert den Austritt der Sulfide.
Zwiebel zuerst halbieren und mit der Schnittfläche auf das kalte Schneidebrett legen. Bei geöffnetem Fenster schneiden.
Beim Schneiden einen Schluck Wasser im Mund behalten oder ein Stück Brot kauen.
Zwiebeln im Sitzen schneiden, dann sind die Augen nicht direkt über der Zwiebel.
Zwiebeln vor dem Schneiden kühl lagern (Kühlschrank).
Zwiebeln unter der Dunstabzugshaube schneiden.
Brennende Kerze neben die Arbeitsplatte stellen.
Die geschälte Zwiebel sofort unter kaltem Wasser abspülen, das soll die Abgabe der Reizstoffe beim Schneiden mindern.
Beim Schneiden den Kopf nicht direkt über der Zwiebel platzieren.

Zum Schutz der Augen Ski-, Motorrad- oder Taucherbrille aufsetzen.

Zwiebeln sollten aber nicht im Blitzhacker zerkleinert werden. Dabei werden sie eher zerdrückt als geschnitten und können ein bitteres Aroma bekommen.

Wir haben die Hinweise zum Zwiebelschneiden ausprobiert, aber nicht alle haben uns gefallen. Darum sollte jeder selbst herausfinden, was für ihn geeignet ist.

Unser Tipp: Zwiebel oben am spitzen Ende – Austriebsstelle Lauchgrün – flach abschneiden.

Unser Tipp: Zwiebel oben am spitzen Ende – Austriebsstelle Lauchgrün – flach abschneiden.

Zwiebel längs halbieren, danach erst schälen. **ACHTUNG:** Der Zwiebelboden/Wurzelansatz bleibt dran. Er hält alles zusammen und erleichtert dadurch deutlich die Schneidearbeit: auf die Schnittfläche legen, in Scheiben schneiden oder durch Längs- und Querschnitte würfeln. Zuletzt wird der Wurzelansatz ganz entfernt.

Zwiebeln sollen generell erst kurz vor der Verwertung geschnitten werden. Sonst verlieren sie schnell ihre Geschmacksintensität und sind nicht mehr so bekömmlich. Wenn sie zerkleinert zu lange stehen, werden sie bitter und verfärben sich mit der Zeit. Wenn es arbeitstechnisch nicht anders geht, werden geschnittene Zwiebeln in gut verschließbaren geeigneten Gefäßen kühl aufbewahrt.

Gegen starken Zwiebelgeruch an den Händen hilft gründliches Waschen mit Essigzusatz oder Zitronensaft. Ebenso das Waschen der Hände mit einem Edelstahlstück.

Marmelade & Co

Zwiebelgelee, karamellisiert

Zwiebeln schälen und würfeln, im Öl etwa 15 Min. dünsten. Dann den Zucker unterrühren und mit den Zwiebeln karamellisieren. Mit Salz, frisch gemahlenem schwarzen Pfeffer, Thymian und Kümmel sehr gut abschmecken. Obstessig, Wein und Gemüsebrühe zugeben und 10 Min. köcheln lassen. Danach die vorher eingeweichte Gelatine gut ins Zwiebelgemüse hinein rühren. Zwiebelmasse in Förmchen füllen, abkühlen und dann etwa 90 Min. kalt stellen.

Zutaten:
500 g Zwiebeln,
250 ml Rotwein,
250 ml Gemüsebrühe,
1 EL Rapsöl,
3 TL Zucker,
1 TL Kümmel,
1 TL Thymian,
2 EL Obstessig,
6 Blatt Gelatine,
Salz, Pfeffer

Beilage zu Braten und Wild.

Rote Zwiebelmarmelade

Zwiebel schälen, Würfeln und kurz unter heißem Wasser waschen, gut abtropfen lassen und in der Butter andünsten, nicht braun werden lassen. Zitronensaft und Rotwein, Salz und Zucker zugeben und nicht zu weich köcheln lassen.
Dann bei starker Hitze den Rotwein einkochen lassen und den Honig unterrühren. Nach der Gelierprobe heiß in Gläser füllen, sofort fest verschließen und kopfüber zum Abkühlen aufstellen.

500 g rote Zwiebeln,
250 ml Rotwein,
50 g Butter,
2 El Gelierzucker 2: 1,
3 EL Honig,
1 EL Balsamico,
1 EL Zitronensaft,
1 Prise Salz

Eine gute Beilage zu Leber und Wild sowie zu dunklem Fleisch.

Rote Zwiebelmarmelade

Rote Zwiebelmarmelade II

Zwiebeln schälen, fein hacken und in der Butter anbraten. Thymian waschen, abtrocknen, ganz fein hacken und zu den Zwiebeln geben, mit dem Rotwein ablöschen. Brombeermark und Gewürze zugeben und köcheln lassen. Wenn die Marmelade sämig wird, den Honig kräftig unterrühren, nochmals kurz aufkochen.
Nach der Gelierprobe heiß in Gläser füllen, fest verschließen und kopfüber zum Abkühlen aufstellen.

Zutaten:
600 g rote Zwiebeln,
3 TL Thymian,
1 EL Brombeermark,
1 Msp. Piment,
1 Msp. Nelken,
50 g Butter,
750 ml Rotwein,
4 EL Honig

Rote Zwiebelmarmelade III

Zutaten:
2 rote Zwiebeln,
1 EL Butter,
1 EL Honig,
3 EL Balsamico Essig,
2 EL Zitronensaft,
100 ml
Apfel-Kirsch-Saft,
Salz, Pfeffer

Zwiebeln schälen und in Ringe schneiden, in der Butter glasig dünsten, Honig hinzugeben und leicht karamellisieren.
Dann Balsamico zugeben und einkochen lassen, danach den Apfel-Kirsch-Saft zugeben und einkochen lassen bis die Zwiebeln weich sind – Dauer etwa 30 Min. Mit Zitronensaft, Salz und frisch gemahlenem schwarzen Pfeffer abschmecken. Nach der Gelierprobe heiß in Gläser füllen und verschließen.

Kann zu Speisen mit würzigem Käse, Käsefondue oder Ziegenkäse gereicht werden.

Zwiebelmarmelade mit Beaujolais

1000 g gelbe Zwiebeln,
150 g Zucker,
150 g Korinthen,
Butter,
1 TL Salz, Pfeffer,
2 Äpfel,
3 Gläser Beaujolais,
3/4 Glas Rotweinessig,
3/4 Glas Granatapfelsirup

Zwiebeln schälen, in feine Scheiben schneiden und in etwas Butter anbraten; mit Zucker, Salz und frisch gemahlenem schwarzen Pfeffer würzen, abgedeckt bei niedriger Hitze köcheln lassen, mehrmals umrühren.
Äpfel schälen, vierteln, Kerngehäuse entfernen und reiben. Mit den Korinthen, Wein, Essig und Granatapfelsirup in die Zwiebeln mischen. Ständig rühren und weiter köcheln lassen, bis die Flüssigkeit fast verdampft ist. Bei zähflüssiger Konsistenz Gelierprobe machen, heiß in Gläser füllen, sofort verschließen und kopfüber zum Abkühlen aufstellen.

Passt gut zu Gänseleber, Fleischterrinen, Nudeln und Fondue.

Zwiebelkonfitüre

Zwiebeln schälen und in Scheiben schneiden. Knoblauchzwiebel in die einzelnen Zehen teilen, schälen und in feine Scheiben schneiden. Apfelsaft, Zwiebeln und Knoblauch in einen Topf geben und 10 Min. dünsten, dann Pürieren. Püree, Zitronensäure und Gelierzucker zum Kochen bringen und 5 Min. sprudelnd kochen lassen. Nach der Gelierprobe heiß in Gläser füllen, fest verschließen und kopfüber zum Abkühlen aufstellen.

Zutaten:
1000 g rote Zwiebeln,
1 Knoblauchzwiebel,
250 ml Apfelsaft,
500 g Gelierzucker
extra 2 : 1,
1 Päckchen Zitronensäure

Chutney

Zwiebel - Preiselbeer – Chutney

Zwiebeln schälen, fein würfeln, 320 g abwiegen. Zwiebeln, Rotwein, Essig, Johannisbeerlikör, Preiselbeeren aus dem Glas und Gelierzucker im Topf mischen und 5 Min. sprudelnd kochen lassen. Danach gut umrühren, mit Salz und frisch gemahlenem schwarzen Pfeffer abschmecken. Sofort heiß in Gläser füllen, mit Twist-Off-Deckeln verschließen. Kühl und dunkel aufbewahrt bis 6 Monate haltbar.

320 g rote Zwiebeln,
150 ml Rotwein,
200 ml Rotweinessig,
100 ml schwarzer Johannisbeerlikör,
2 Gläser Preiselbeeren,
1 Packung
Super Gelierzucker,
Salz, Pfeffer

Zwiebel – Heidelbeer – Chutney

Heidelbeeren waschen und gut abtropfen lassen, Zwiebeln schälen und in kleine Würfel schneiden. Zwiebeln, Heidelbeeren, Wasser und Gewürze in einem großen Topf gut mischen. Bei milder Hitze zum Kochen bringen, kräftig umrühren und etwa 45 Min. bei geringer Hitze köcheln lassen, bis eine breiige Konsistenz erreicht ist. Heiß in Twist-Off-Gläser füllen, fest verschließen und kopfüber zum Abkühlen aufstellen.

300 g Zwiebeln,
750 g Kulturheidelbeere
250 g brauner Zucker,
200 ml Rotweinessig,
1 TL Salz, 1 TL Zitronensch
le gemahlen, 1/2 TL Pfeff
gemahlen, 1/2 TL Senfkörn
gemahlen, 1/2 TL Koriand
gemahlen, 100 ml Wasser

Zwiebel - Pfirsich - Chutney

Pfirsiche kurz in kochendem Wasser blanchieren, kalt abschrecken. Dann Haut abziehen, Steine entfernen, Früchte zerkleinern. Zwiebeln schälen und achteln. Alle Zutaten in einem großen geeigneten Topf mischen und zum Kochen bringen. Ohne Deckel langsam bei geringer Hitze dick einköcheln lassen; häufiges Umrühren verhindert Anbrennen! Fertiges Chutney sofort in Twist-Off-Gläser füllen, fest verschließen und zum Abkühlen aufstellen. Kühl gelagert bis 6 Monate haltbar.

Zutaten:
6 mittelgroße Zwiebeln,
2 kg Pfirsiche,
200g Sultaninen,
800g brauner Zucker,
250 ml Weinessig,
1 TL Chilipulver,
1 TL Safran

Zwiebel-Paprika- Relish

Zwiebeln schälen und in kleine Würfel schneiden.Paprika und Chilischote aufschneiden, weiße Trennwände und Kerne entfernen und in kleine Würfel schneiden, zusammen im Öl dünsten.

Einige Senfkörner und 1 Tl schwarze Pfefferkörner mahlen, mit 1 Prise Salz, 1 Prise Kurkuma, Zucker und Weißwein dazugeben und gut umrühren; etwa 30 Min. köcheln lassen.

Heiß in Twist-off-Gläser füllen, fest verschließen und etwa 4 Wochen zur Ruhezeit kühl und dunkel abstellen.

Passt zu gegrilltem Fleisch, Fisch und zu Bratkartoffeln.

300 g Zwiebeln,
150 g rote Paprikaschote,
150 g gelbe Paprikaschote,
1 kleine rote Chilischote,
8 EL Weißwein,
2 EL Olivenöl,
2 EL Weinessig,
Senfkörner
1 EL brauner Zucker,
Salz, Pfeffer, Kurkuma

Essig, Senf und mehr

Zwiebelessig

Zwiebeln schälen und ganz fein hacken. In eine weithalsige Flasche geben und mit dem Essig auffüllen. Etwa 2 Wochen warm und sonnig aufstellen, ab und zu leicht schütteln oder schwenken. Fertigen Essig durch ein Tuch abseihen und dunkel aufstellen. Etwa 3-4 Monate haltbar.

Zutaten:
1000 ml Rotweinessig,
3 Zwiebeln

Zwiebelsenf

Zwiebeln schälen, fein würfeln und in 200 ml Gemüsebrühe 5 Min. blanchieren, anschließend durch ein Sieb abgießen. Eigelb, Senf und Öl verrühren.
Apfel waschen, trocken tupfen, schälen, entkernen und reiben. Blanchierte Zwiebeln und Apfel mit der Senfsoße mischen. Mit Salz und frisch gemahlenem schwarzen Pfeffer abschmecken.

2 Zwiebeln,
150 g Senf,
100 ml Öl,
1 Eigelb,
1 Apfel,
200 ml Gemüsebrühe,
Salz, Pfeffer

Zwiebelketchup

Ketchup mit etwas Senf, fein gehackte Zwiebel dazu geben und mit Salz und Pfeffer würzen. Mindestens 1 Tag durchziehen lassen.

Ketchup, Senf,
1 Zwiebel,
Salz und Pfeffer

Zwiebel-Bier-Ketchup

je 1 Tl Salz, getrockneten Majoran, edelsüßen Paprika, gemahlenen Kümmel.
Zwiebeln schälen und fein würfeln, mit dem Bier im Topf köcheln bis die Flüssigkeit fast verdampft ist und die Zwiebeln weich sind.

300 g Zwiebeln,
150 ml Bier,
50 ml Essig,
50 ml Aceto Balsamico,
1 EL Zucker;

Dann pürieren, alle weiteren Zutaten zugeben, gut mischen und nochmals etwa 5 Min. köcheln lassen. Bis zum Verbrauch kühl lagern.

Passt zu gebratener Wurst, Wurst- oder Fleischspießen und zu Grillfleisch.

Zutaten:

Zwiebelschmalz

250 g Flomen,
1 Zwiebel,
1 Prise Salz

Flomen (Fett aus der Bauchhöhle) in der Bratpfanne auslassen.
Zwiebel schälen und in kleine Würfel schneiden, mit etwas Salz ins Fett geben. Wenn die kleinen Zwiebelstücke eine leicht braune Färbung zeigen ist das Schmalz fertig und wird zum Erkalten in ein geeignetes Gefäß gegossen. Kühl aufbewahren!

Kann für Kohlgerichte, Bratkartoffeln (schöne goldgelbe Farbe) und natürlich auch als Brotaufstrich verwendet werden.

Schalotten – Butter

50 g Schalotten,
1 Knoblauchzehe,
125 g Sauerrahmbutter,
50 ml Gemüsebrühe,
50 ml Rotwein,
1/2 Bund Schnittlauch,
1/2 Tl Honig,
Salz, Pfeffer,
Kreuzkümmel

Butter in eine Schüssel geben und mit dem Schneebesen 5 Min. schaumig schlagen
Schalotten und Knoblauch schälen, halbieren und ganz fein würfeln. Zwiebeln mit Rotwein, Gemüsebrühe und Honig in einem kleinen Topf bei mittlerer Hitze etwa 20 Min. köcheln, bis die Zwiebeln weich sind und die Flüssigkeit fast verdunstet ist.

Topf vom Herd nehmen und zum Abkühlen in kaltes Wasser stellen.
Petersilie waschen, trocken schütteln, ohne Stiele fein hacken, dann in die noch heißen Zwiebeln rühren. Mit etwas Salz, Kreuzkümmel und frisch gemahlenem schwarzen Pfeffer abschmecken und zuletzt mit der schaumigen Butter gut verrühren.
Die fertige Mischung zum Aushärten in kleiner Schale kühl stellen - oder schon leicht erstarrt in Backpapier gerollt auskühlen. Danach in 1 cm breiten Scheibchen servieren/dekorieren.

Zutaten:

Zwiebelschmelz / Schalottenschmelz

200 g Zwiebeln oder Schalotten,
100 ml Olivenöl

Zwiebeln schälen und halbieren oder vierteln. Im Mixer gut zerkleinern und dann im Öl etwa 10 Min. dünsten. Bis zum Verbrauch im Kühlschrank aufbewahren.

Für Bratkartoffeln und div. Soßen gut geeignet.

Ziegenfrischkäseaufstrich

2 Frühlingszwiebeln,
1 Knoblauchzehe,
150 g Ziegenfrischkäse,
2 Tl Honig,
4 Blätter Salbei,
4 Nadeln Rosmarin,
Zitronensaft,
Salz, Pfeffer

Zwiebeln und Knoblauch schälen und ganz fein schneiden. Salbei und Rosmarin waschen, trocken tupfen und fein schneiden. Alles mit dem Frischkäse mischen und mit etwas Zitronensaft, Salz und frisch gemahlenem schwarzen Pfeffer abschmecken. Im Kühlschrank etwa 30 Min. durchziehen lassen.

Lecker zu Baguette oder als Amuse-Gueule.

Zwiebelcreme

Zwiebeln schälen und sehr fein hacken, Knoblauch schälen und durch die Knoblauchpresse drücken. Schnittlauch waschen, trocken schwenken und in feine Röllchen schneiden. Zwiebeln, Knoblauch und Crème fraîche mit dem Pürierstab zu einer feinen Paste musen. Restliche Zutaten mit dem Handrührgerät in die Paste mischen, vor dem Servieren mit Salz und grob gemahlenem weißen Pfeffer abschmecken.

Zutaten:
2 Zwiebeln,
2 Knoblauchzehen,
2 EL Schnittlauch,
100 g Magerquark,
100 g Crème fraîche,
100 g Crème double,
Salz,
weißer Pfeffer

Zwiebelwurst

Zwiebeln weich kochen und über Nacht im Sieb abtropfen lassen. Bauchfleisch weich kochen und zusammen mit den Zwiebeln durch den Fleischwolf drehen. Mit allen Gewürzen nach Geschmack verfeinern. Die gewürzte Masse nochmals durch den Fleischwolf drehen und danach in geeigneten Gläsern bei 100 °C zwei Stunden einkochen.

1000 g Zwiebeln,
500 g fettes Bauchfleisch.
Salz, Pfeffer,
Majoran,
gemahlener Piment

Zwiebel – Drink

Zwiebeln schälen und grob zerkleinern, Knoblauchzehe schälen und grob zerkleinern, Petersilie waschen, trocken schwenken, ohne Stiele fein hacken. Zitrone waschen, trocken tupfen und zur Hälfte abreiben, dann halbieren und auspressen. Salatgurke waschen, trocken tupfen, schälen und in Scheiben schneiden, einige Scheiben für die Glasrandgarnierung beiseite legen. Schnittlauch waschen, trocken tupfen und in feine Röllchen schneiden.

1/2 Gemüsezwiebel,
1/2 Knoblauchzehe,
1 Tl Schnittlauch,
300 ml Molke,
150 g Salatgurke,
1 Zitrone,
1 EL Petersilie,
weißer Pfeffer

Gurke, Zwiebel, Knoblauch, Petersilie, Schnittlauch und Zitronenschale im Mixer pürieren, Zitronensaft und Molke dazugeben und nochmals gut durchmixen. Drink mit frisch gemahlenem weißen Pfeffer abschmecken und in Gläser füllen, Glasrand mit Gurkenscheiben garnieren.

Salate, Vorspeisen und Beilagen

Ein kleiner Tipp vorweg: Lässt man Salat mit Zwiebeln länger stehen, schmeckt er sehr intensiv danach. Wer diesen dominanten Geschmack nicht mag, sollte die Zwiebeln vor der Verarbeitung blanchieren: kurz in kochendes Wasser tauchen und gleich danach mit kaltem Wasser abschrecken.
Je kleiner und feiner die Zwiebel geschnitten wird, umso schneller nimmt sie den bitteren Geschmack an. Zeitnaher Verbrauch nach dem Schneiden wird empfohlen!

Salat mit Zwiebelgeschmack – aber ohne Zwiebelstücke:
Salatschüssel mit einer frisch angeschnittenen Zwiebel ausreiben.

Rot – Weiß, auch als Garnitur zu empfehlen »

Je nach Gericht, kurz in heißem Wasser oder in Kräuterbrühe blanchieren.

Sommersalat für 4 Personen

Salat waschen, trocken schütteln, in kleine Stücke zupfen und auf 4 Teller verteilen. Gemüse putzen und klein schneiden, Poularden in feine Streifen schneiden, Zitrone waschen und in Scheiben schneiden, alles in 4 Portionen geteilt mit den Oliven und den Zitronenscheiben auf den Tellern garnieren. Zwiebel schälen und reiben, mit dem Öl, dem Saft und der geriebenen Schale einer 1/2 Zitrone, dem Tomatenmark und den Kapern gut verrühren, mit Salz, frisch gemahlenem schwarzen Pfeffer und einigen Spritzern Tabasco abschmecken. Dressing in 4 Portionen geteilt über den Salat geben. Dazu Toastbrot reichen.

Zutaten:

4 Frühlingszwiebeln,
500 g gemischter Salat,
100 g Champignon,
1 rote Paprikaschote,
2 gegrillte Poulardenbrüstchen,
1 Zitrone,
Glas schwarze Oliven.
Dressing: 1 Zwiebel,
1 EL Tomatenmark,
2 EL Öl, 1 EL Kapern,
1 Zitrone, Tabasco,
Salz, Pfeffer, Toastbrot

Zwiebel - Puffbohnen – Salat

Puffbohnen im Salzwasser aufkochen, Wasser abgießen und mit frischem Wasser weich kochen. Puffbohnen herausnehmen, kalt abspülen und abtropfen lassen.
Zwiebeln schälen und feine Würfel schneiden. Marinade aus Zwiebel, Salz, Essig, Zucker, Öl und frisch gemahlenem schwarzen Pfeffer über die Puffbohnen geben, etwa 90 Min. kalt stellen. Das gekochte Ei Achteln. Petersilie waschen, trocken tupfen, fein schneiden.
Salat vor dem Servieren mit Petersilie bestreuen und mit Eierstreifen garnieren.

Zutaten:
200 g Zwiebeln,
500 g Puffbohnen,
1 Ei,
1 Bund Petersilie,
Zucker, Salz, Pfeffer,
Öl, Essig, Wasser

Zwiebelchrysantheme

Zwiebel am Lauchansatz glatt abschneiden und schälen, Wurzelansatz nur gerade schneiden. Zwiebel Achteln, aber nicht durchschneiden, dann die Zwiebelsegmente leicht auseinander biegen, bis eine `Chrysanthemenblüte` entsteht. Auf einem Teller mit Apfel und Tomate anrichten, mit Kräutern etc. nach Geschmack garnieren.

1 große Zwiebel,
Tomate,
Apfel,
Petersilie

Dekoratives essbares Beiwerk.

Zwiebelchrysantheme »

Zwiebellauch findet reichlich Verwendung

Lauchzwiebel-Schnecken

Mehl, Öl, Hefe, etwas Salz, Joghurt und Wasser zu einem glatten Teig kneten und danach etwa 30 Min. ruhen lassen.

Lauchzwiebeln putzen, waschen und in feine Ringe schneiden; Schnittlauch waschen, trocken schwenken und in feine Ringe schneiden.

Lauchzwiebeln, Schnittlauch, Käse, Sahne und etwas Salz gut vermischen. Teig auf etwas Mehl zu einem Viereck ausrollen und mit der Lauchzwiebelmasse belegen, zusammenrollen und 10 Min. kühl lagern. Danach in fingerbreite Stücke schneiden und die \`Schnecken\` auf ein mit Backpapier belegtes Backblech legen. Mit gequirltem Ei bestreichen und mit Sesam bestreuen. Im vorgeheizten Backofen bei 170 °C goldbraun backen.

Zutaten:

2 Bund Lauchzwiebeln,
5 Schnittlauchstängel,
1000 g Mehl,
250 g Gouda,
2 Tassen Wasser,
1 Tasse Öl,
1 Tasse Joghurt,
4 EL Sahne,
3 EL Sesam,
1 Ei, Salz,
1 Würfel Hefe

Mecklenburger Würzfleisch

Den Schweinebauch im Salzwasser mit Pfeffer, Majoran, Thymian, Lorbeerblatt und Kümmel etwa. 30 Min. vorkochen.
Küchenfertige Zwiebeln, Kartoffeln, Möhren, Sellerieknolle, Kohlrübe und Petersilienwurzel in kleine Würfel schneiden und dazugeben. Ca. 25 Min. im geschlossenen Topf köcheln lassen bis alles gar ist. Fleisch würfeln und wieder dazugeben oder in Scheiben geschnitten dazu essen. Das Gericht wird mit fein gehackter Petersilie bestreut serviert.

Zutaten:

200 g Zwiebeln,
500 g Schweinebauch,
2000 ml Salzwasser,
500 g Möhren,
1 mittlerer Sellerie,
1 kleine Kohlrübe,
1 Petersilienwurzel,
1000 g Kartoffeln,
Pfeffer, Majoran,
Thymian,
1/2 Tl Kümmel,
1/2 Lorbeerblatt,
Petersilie

Zwiebeln, glasiert

Geschälte Zwiebeln in der Fleischbrühe 10 Min. leicht köcheln lassen. Dann herausnehmen und abtropfen lassen. Butter in einer Pfanne erhitzen und Zucker goldgelb rösten, Paprika und Zwiebeln dazugeben, gut durchrühren und die Brühe zugeben. Ca. 20 Min. köcheln lassen bis die Brühe sämig wird. Vor dem Servieren mit Salz abschmecken.

400 g kleine Zwiebeln,
250 ml Fleischbrühe,
50 g Butter,
40 g Zucker,
1 Prise Edelsüßer Paprika
Salz

Passt zu Braten und zu
kurz gebratenen Gerichten.

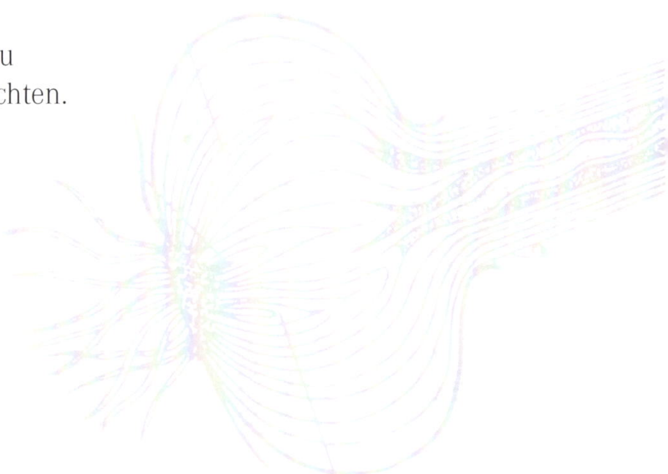

Zwiebeln, glasiert / Oignons glace´s

Zwiebeln ungeschält in ein Sieb geben und darin etwa 3 Min. in kochendem Wasser blanchieren. Zwiebeln lassen sich nun leichter schälen.
30 g Butter mit dem Zucker im Topf zerlassen und die geschälten ganzen Zwiebeln darin anbräunen. Mit der Fleischbrühe ablöschen und abgedeckt köcheln lassen, bis die Flüssigkeit fast verkocht ist. Gewürze nach Geschmack zugeben. 20 g Butter in Flöckchen darüber geben, schmelzen lassen und die Zwiebeln in diesem Sud schwenken.

Sie werden als Garnitur gereicht.

Zutaten:
350 g kleine weiße Zwiebeln,
125 ml Fleischbrühe,
50 g Butter,
1 EL Zucker,
Salz, Pfeffer

Lauchzwiebeln gebacken

Zwiebeln waschen und putzen, das Blattgrün entfernen, die feuchten Zwiebeln im Mehl wenden. Eier aufschlagen und verquirlen, die bemehlten Zwiebeln durchziehen und danach in den Semmelbröseln wälzen. Öl in der Pfanne erhitzen und die Zwiebeln darin goldbraun backen.

6 Bund Lauchzwiebeln (auch Jungzwiebeln genannt),
2 Eier,
Semmelbrösel,
Mehl, Öl

Als Beilage zu Fleisch oder vegetarischer Kost geeignet.

Rotweinzwiebeln

Schalotten schälen und halbieren. Zucker in einem Topf karamellisieren und den Rot- und Portwein zugießen. Schalotten zugeben und 20 Min. bei mittlerer Hitze, nicht abdecken, garen. Schalotten herausnehmen, wenn sie gar sind. Sud zur Hälfte einköcheln, die klein geschnittene Butter unterrühren und mit Salz und frisch gemahlenem schwarzen Pfeffer abschmecken. Schalotten wieder zugeben.

Zutaten:
800 g Schalotten,
800 ml Rotwein,
350 ml Portwein,
100 g Zucker,
200 g Butter,
Salz, Pfeffer

Mit Baguette als Vorspeise oder als Beilage zu Braten.

Zwiebeleis

Zwiebeln schälen, weich kochen, herausnehmen und gut abtupfen. Mit Traubenzucker im Mixer sehr fein pürieren, Masse in Eiswürfelschalen füllen und im Gefrierfach fest gefrieren lassen. Dieses pikante Eis auf mariniertem Thunfisch oder als Beigabe zu ähnlichen Gerichten servieren.

500 g weiße Zwiebeln,
100 g Traubenzucker,
Wasser

Es schmeckt auch gut zu gekochten Eiern und würzt kalten Braten/Aufschnitt pikant.

Tipp: Eine leckere Alternative zu Zwiebelsaft bei Halsschmerzen/Erkältung. Einige Eiswürfel mehrmals täglich lutschen...

Suppen und Soßen

Zwiebelcremesuppe

Zwiebeln schälen und in Ringe schneiden. Speck würfeln und ausbraten, Zwiebelringe darin glasig braten, dann heißes Wasser zugießen. Mit Salz und Zucker abschmecken und im geschlossenen Topf etwa 20 Min. garen. Danach Passieren, Fleischbrühe und Milch unter Rühren dazugeben, 5 Min. köcheln lassen. Butter erhitzen und das Mehl darin anschwitzen, die Suppe andicken. Vom Herd nehmen, das Eigelb und Sahne kräftig unterrühren, mit Pfeffer abschmecken. Vor dem Servieren mit der gehackten Petersilie garnieren.

Zutaten:
650 g Zwiebeln,
50 g durchwachsener Speck,
500 ml Fleischbrühe,
300 ml Milch,
40 g Butter,
30 g Mehl,
125 ml Sahne,
1 Eigelb,
250 ml Wasser,
Salz, Pfeffer, Zucker,
1 Stängel Petersilie

Zwiebelsuppe, klassisch

Zwiebeln schälen, vierteln, in dünne Längsstreifen schneiden. Butter im Topf zerlassen und die Zwiebeln darin goldbraun dünsten, mit trockenem Weißwein ablöschen und kurz aufkochen. Dann Gemüsebrühe zugeben und bei geschlossenem Topf ca. 15 Min. köcheln lassen.
Backofen auf 200 °C vorheizen; zeitgleich Toast goldbraun rösten und die fertige Suppe mit Salz und frisch gemahlenem schwarzen Pfeffer abschmecken.
Suppe in feuerfeste Schalen füllen, Toast darauf legen, mit Gouda bestreuen und überbacken.

250 g Zwiebeln,
2 El Butter,
500 ml Gemüsebrühe,
2 EL Crème fraîche,
50 ml Weißwein,
2 Scheiben Toast,
Salz, Pfeffer,
Gouda gerieben

Es wird auch empfohlen, einen Stängel Beifuß mitzukochen.

Zwiebel-Bier-Suppe

Zwiebeln schälen und in Scheiben schneiden, Porree putzen, waschen und ebenfalls in Scheiben schneiden. Öl erhitzen, Zwiebeln und Porree darin gelb dünsten. Tomatenmark unterrühren, mit Fleischbrühe und Bier auffüllen, würzen und bei schwacher Hitze etwa 20 Min. köcheln lassen. Suppentassen bereitstellen und Brötchen in dünne Scheiben schneiden. Fertige Suppe einfüllen und je eine Scheibe obenauf legen. Mit geriebenem Käse bestreuen und im vorgeheizten Ofen überbacken.

Zutaten:
500 g Zwiebeln,
1 Stange Porree,
500 ml Bier,
1 EL Tomatenmark,
250 ml Fleischbrühe,
2 EL Öl,
1 TL Majoran,
1 TL Kümmel,
1 TL Salz,
4 EL geriebener Käse,
1 altes Brötchen

Zwiebel-Bier-Senf-Soße

Geschälte Zwiebeln in Streifen schneiden; Knoblauch schälen und fein hacken; Butterschmalz erhitzen und beides darin 3-4 Min. andünsten. Mehl einrühren und leicht anrösten, dann Brühe, Bier und Senf zugeben. Mit Schneebesen glatt verrühren, vor dem Servieren mit Salz und frisch gemahlenem Pfeffer abschmecken.

Passt gut zu Rippchen, zur Kurzgebratenem und zum Verfeinern von Suppen und Soßen.

4 rote Zwiebeln,
2 Knoblauchzehen,
200 ml Bier,
3 EL süßen Senf,
300 ml Brühe,
3 EL Butterschmalz,
1 EL Mehl, Salz, Pfeffer

Zwiebel-Erbsensoße

Zwiebeln schälen, fein würfeln und in der Butter dünsten, Erbsen dazugeben und 5 Min. zugedeckt garen. Dann Weißwein auffüllen und mit Salz, frisch gemahlenem Pfeffer und einem Lorbeerblatt 15 Min. auf kleiner Hitze köcheln lassen. Bei Bedarf nochmals mit Weißwein abschmecken. Passt gut zu Semmelknödeln.

3 große Zwiebeln,
150 g junge Erbsen,
200 g Butter,
1 1/2 Glas Weißwein,
Salz, Pfeffer,
1 Lorbeerblatt

Lauch und Tomaten zum Brot

Zwiebelsoße a`la Ev

Küchenfertige Zwiebeln in dünne Scheiben schneiden, im Pflanzenfett glasig dünsten. Dann Würze und Schmand hineinrühren und vor dem Servieren die Kräuter darüber streuen.

Herzhafte Beilage für die vegetarische Küche.

Zutaten:
3 mittelgroße Zwiebeln,
50 g Pflanzenschmalz,
1 Tl Kräuterwürze,
2 El Schmand,
etwas fein gehackte Petersilie
und Schnittlauch

Hauptgerichte

Zwiebelbuletten

Zwiebeln schälen und in dünne Streifen schneiden. Schnittlauch waschen, trocken tupfen und in dünne Röllchen schneiden. Hack mit Eiern, Quark, Semmelbrösel und Senf vermengen. Mit Paprika, Salz und frisch gemahlenem schwarzen Pfeffer abschmecken, Buletten daraus formen. Öl in einer Pfanne erhitzen, Buletten bei mittlerer Hitze von jeder Seite anbraten, danach wieder herausnehmen. Nun die Zwiebeln im gleichen Fett andünsten, Tomatenmark unterrühren, mit Bier ablöschen. Dann die Brühe zugeben und kurz aufkochen, Crème fraîche und Schnittlauch unterrühren, bei Bedarf nochmals nachwürzen. Buletten wieder dazugeben und 6 Min. unter mehrmaligem Wenden fertig garen.

Zutaten:
350 g Zwiebeln,
1 Bund Schnittlauch,
600g gemischtes Hack,
150 ml klare Brühe,
200 ml Bier,
4 EL Semmelbrösel,
2 Eier, 2 EL Quark,
2 EL Öl,
2 EL Crème fraîche,
1 EL Senf,
1 TL Tomatenmark,
Salz, Pfeffer, Paprikapulve

Frühlingszwiebeln, geschmort

Zwiebeln putzen, Lauch in der Länge dritteln und die Zwiebeln halbieren. Den Zucker in der Butter dunkel bräunen, dann Fleischbrühe und die Frühlingszwiebeln dazugeben. Auf kleiner Flamme weich schmoren, mit Salz und Pfeffer würzen.

2 Bund Frühlingszwiebel
30 g Butter,
1 Tl Zucker,
100 ml Fleischbrühe,
Salz, Pfeffer

Passt gut zu Hammel- und Schweinebraten.

Frühlingszwiebeln, geschmort

Zwiebelrostbraten

Sehnen aus den Roastbeefscheiben entfernen; gutes Roastbeef kann mit dem Handballen flach gedrückt werden. Beide Seiten mit schwarzem Pfeffer aus der Mühle und mit Mehl bestreuen. Zwiebeln schälen und in feine Ringe schneiden. Öl in der Pfanne erhitzen und das Fleisch 3 - 4 Min. darin beidseitig anbraten. Danach salzen und warm abstellen. Nun die Zwiebeln in dieser Pfanne goldbraun braten und Butter dazugeben.

Fleisch auf vorgewärmten Teller anrichten, Zwiebeln obenauf verteilen. Bratkartoffeln oder Krautspätzle dazu reichen.

Zutaten:

4 große Zwiebeln,
4 Scheiben Roastbeef,
2 EL Butter,
4 EL Mehl,
50 ml natives Olivenöl,
Salz, Pfeffer

Geflügelbällchen

Schalotten schälen und vierteln, Petersilie waschen und trocken tupfen, Ananas würfeln. Diese Zutaten mit Schinken, Putenbrust und den Gewürzen mischen und im Fleischwolf/Küchenmaschine zerkleinern. Aus der Masse kleine Bällchen formen und in Semmelbrösel wälzen. Öl in einer Pfanne erhitzen, Bällchen darin braun braten und herausnehmen. Dann küchenfertige gewürfelte Chili und Paprika in dem Öl bissfest braten, mit der Brühe ablöschen, mit Salz und Zimt abschmecken. Die Geflügelbällchen und den kandierten Ingwer vor dem Servieren kurz darin erhitzen.

Zutaten:
4 Schalotten,
500 g Putenbrust,
200 g Ananas,
50 g gekochter Schinken,
125 ml Brühe (Instant),
3 EL Öl, 2 EL Petersilie,
2 TL Honig, 2 rote und gelbe Paprikaschote,
1 Ei, 1 EL Speisestärke,
1 Tl Curry, 1 rote Chilischot
Salz, Zimt, Semmelbrösel,
Ingwer (roh und kandiert)

Szegediner Gulasch

Zwiebeln und Knoblauch schälen, in feine Streifen schneiden. Fleisch abwaschen, trocken tupfen und in kleine Würfel schneiden.
Butter in einem großen Topf erhitzen und das Fleisch darin allseitig scharf anbraten. Zwiebeln und Knoblauch kräftig hineinrühren, mit Salz, Paprika und frisch gemahlenem schwarzen Pfeffer würzen, Tomatenmark unterheben.
Fasskraut und die Gemüsebrühe dazumischen, mit Kümmel würzen, gut umrühren und 15 Min. leicht köcheln lassen.
Vor dem Servieren mit saurer Sahne garnieren, Landbrot dazu reichen.

4 Zwiebeln,
2 Knoblauchzehen,
400 g Rindfleisch,
400 g Schweinefleisch,
2 Gläser Fasskraut,
60 g Butter,
500 ml Gemüsebrühe,
4 EL saure Sahne,
4 EL Tomatenmark,
Salz, Pfeffer, rosenscharf Paprika, Kümmel,
8 Scheiben Landbrot,

Zwiebeltortilla

Zwiebeln schälen und in feine Streifen schneiden, in Öl goldgelb dünsten, mit wenig Salz würzen. Eier verquirlen, etwas Salz und die Zwiebeln dazugeben und gut verrühren. In einer Pfanne von beiden Seiten leicht anbräunen lassen.Petersilie waschen, trocken schwenken, fein hacken und vor dem Servieren darüber streuen. Heiß servieren.

Zutaten:
4 mittelgroße Gemüsezwiebeln,
8 Eier, 4 EL Olivenöl,
Salz, Petersilie

Kartoffelgulasch

Zwiebeln schälen und fein hacken. Kartoffeln waschen, schälen und in kleine Würfel schneiden. Öl im Topf erhitzen und Zwiebeln darin hellgelb anbraten; Kartoffeln zugeben und andünsten. Nach Geschmack mit Salz, frisch gemahlenem schwarzen Pfeffer, Paprika, Kümmel und Essig würzen, Brühe auffüllen. Klein geschnittenen Kassler zugeben und den Eintopf etwa 20 Min. zugedeckt bei kleiner Hitze garen.

750 g Zwiebeln,
1000 g Kartoffeln,
200 g Kassler,
2 EL Sonnenblumenöl,
2 EL Essig,
Salz, Pfeffer,
Kümmel, edelsüßen und scharfen Paprika,
125 ml Brühe

Hähnchen in Zwiebel-Senf-Kruste

Zwiebeln schälen, fein hacken und in einer Pfanne mit etwas Öl anbraten. Die Brühe mit einem Schuss Weißwein verfeinern und in einen Bräter gießen, Hähnchenbrustfilets hineinlegen. Knoblauchzehen schälen und in der Knoblauchpresse pressen. Gebratene Zwiebeln mit Senf und Knoblauch verrühren, mit Salz und frisch gemahlenem schwarzen Pfeffer abschmecken. Die Hähnchenbrustfilets im Bräter damit bestreichen, und bei 200° C etwa 40 Min. in der Röhre garen. Auch Schweinefilet schmeckt mit einer Zwiebel - Senf - Kruste ausgezeichnet.

6 Zwiebeln,
4 Hähnchenbrustfilets,
500 ml Brühe,
1 EL mittelscharfer Senf,
2 Knoblauchzehen,
Salz, Pfeffer,
Weißwein,
Öl

Zwiebel - Lammcurry

Das Lammfleisch in kleine Würfel schneiden. Zwiebeln schälen, in dünne Ringe schneiden. Knoblauch schälen und fein hacken. Ingwer schälen und fein hacken. Öl in einem großen Topf erhitzen, Knoblauch und Ingwer darin etwa 2 Min. anbraten, Kurkuma und Cayennepfeffer zugeben und 10 sec. unter ständigem Rühren anrösten.
Dann das Lammfleisch dazugeben, Topf abdecken und 15 Min. auf kleiner Flamme schmoren, öfter kräftig umrühren. Wasser erhitzen und über das Lammfleisch gießen; weiter köcheln lassen, bis das Fleisch gar ist.
Dann Zwiebeln unterheben, kurz aufkochen lassen, Herd abstellen, Topf mit Deckel verschließen und 5 Min. ziehen lassen.
Vor dem Servieren abschmecken und mit Brot servieren.

Zutaten:

800 g Gemüsezwiebeln,
800 g Lammfleisch, parie
500 ml Wasser,
3 EL Ingwer,
2 EL Knoblauch,
1 TL Cayennepfeffer,
2 TL Kurkuma,
1 TL Salz,
125 ml Öl

Walnussrisotto

Zwiebeln und Knoblauch schälen. Zwiebeln würfeln und den Knoblauch ganz fein hacken, Butter und Öl erhitzen. Zwiebeln und Knoblauch glasig dünsten, Reis zugeben und kurz andünsten, mit Salz abschmecken. Gemüsebrühe auffüllen, kurz aufkochen, Herd abstellen und etwa 45 Min. zugedeckt quellen lassen, öfter umrühren. Walnusskerne grob hacken, ohne Fett anrösten und unter den Reis heben.

250 g Zwiebeln,
2 Knoblauchzehen,
250 g Reis,
625 ml Gemüsebrühe,
75 g Walnusskerne,
10 g Butter,
2 EL Walnussöl,
Salz

Rinderleber `Berliner Art`

Küchenfertige Leber im Mehl wenden, in Öl oder Butter gut durch braten und nach dem Garen mit Salz und frisch gemahlenem schwarzen Pfeffer würzen.Zwiebeln schälen, in Ringe schneiden und mit etwas Öl in der Pfanne goldgelb braten, mit Salz und frisch gemahlenem schwarzen Pfeffer abschmecken. Äpfel schälen, Kerngehäuse ausschneiden und in Ringe schneiden; in Mehl wenden und in der Butter leicht anbräunen.
Bratensoße auf einem Teller anrichten, Leber mit Apfelringen und Röstzwiebeln auffüllen und servieren. Wer Äpfel an Leber nicht mag, lässt sie weg; ist aber dann keine `Berliner Art`.

Zutaten:

300 g Zwiebeln,
800 g Rinderleber,
300 g Äpfel,
100 g Mehl,
60 g Butter,
50 ml Öl,
400 ml Bratensoße,
Salz, Pfeffer

Zwiebel – Salbei – Leber

Leber kalt abwaschen, trocken tupfen, mit Salz und frisch gemahlenem schwarzen Pfeffer würzen und ganz dünn mit Mehl bestäuben. Im heißen Öl beidseitig etwa 2 Min. anbraten, dann herausnehmen.
Die geschälten Zwiebeln in Ringe schneiden und in diesem Bratfett bräunen. Salbeiblätter abwaschen, trocken tupfen und zu den Zwiebeln ins Bratfett geben, mit dem Weißwein und dem Balsamessig ablöschen. Dann die Leber obenauf legen und alles weitere 5 Min. schmoren lassen. Mit Kartoffelbrei servieren.

4 Zwiebeln,
300 g Geflügelleber,
10 Salbeiblätter,
4 EL Öl,
4 EL Weißwein,
2 El Balsamessig,
Mehl

Quark mit Zwiebellauch

Handelsüblichen Kräuterquark oder selbst gemachten mit frischem Zwiebellauch anrichten. Zu Pellkartoffeln oder Baguette servieren.

Kräuterquark mit viel Zwiebellauch

Lauchzwiebeln mit karamellisierter Kohlrübe

Lauchzwiebeln putzen, waschen und in etwa 5 cm lange Stücke schneiden. (Lauchgrün kann anders verwertet werden)

Kohlrübe schälen, zuerst in Scheiben und danach in etwa 5 cm lange Stifte schneiden.

Zucker vorsichtig in der Pfanne schmelzen, bei häufigem Umrühren goldbraun karamellisieren lassen. Die tropfnassen Kohlrübenstifte und die Butter zugeben, mit Salz und frisch gemahlenem schwarzen Pfeffer würzen; bei milder Hitze zugedeckt etwa 15 Min. dünsten. Dann die Lauchzwiebeln und bei Bedarf etwas Wasser zugeben und weitere 5 Min. zusammen gar dünsten. Vor dem Servieren mit Sonnenblumenkernen bestreuen.

Zutaten:

2 Bund Lauchzwiebeln,
1000 g Kohlrübe,
100 g Butter,
60 g Zucker,
2 EL Sonnenblumenkern
Salz, Pfeffer,
Wasser

Gemüseragout

Gemüse waschen, putzen. Tomaten halbieren, Zucchini und Auberginen würfeln. Zwiebeln und Knoblauch schälen. Zwiebeln in kleine Spalten schneiden, Knoblauch fein hacken. Öl in einer Pfanne erhitzen und das Gemüse etwa 2-3 Min. scharf anbraten, dann mit Salz und frisch gemahlenem schwarzen Pfeffer abschmecken und in eine feuerfeste Form füllen.Nun den Rotwein in den Bratensatz gießen, mit Tomatensaft auffüllen, Kräuter zugeben und 3 Min. aufkochen. Danach mit Honig, Salz und frisch gemahlenem schwarzen Pfeffer würzen, Pfanne vom Herd nehmen, Crème fraîche unterrühren und über das Gemüse gießen. Im vorgeheizten Backofen bei 200°C etwa 20 Min. garen.

Zutaten:

150 g Zwiebeln,
2 Knoblauchzehen,
400 g Zucchini,
400 g Auberginen,
200 g Kirschtomaten,
350 ml Tomatensaft,
100 ml Rotwein,
3 EL Olivenöl,
3 EL Crème fraîche,
1 Tl Honig,
1/2 Tl Kräuter der Provence,
Salz, Pfeffer

Käsespätzle

Mehl durch ein feines Sieb in eine Schüssel sieben. Eier hinein schlagen und mit dem Mineralwasser zu einem zähflüssigen Teig rühren, mit Salz abschmecken. Zwiebeln schälen, in feine Ringe schneiden, in wenig Butter in einer Pfanne braun rösten. Romadour in kleine Würfel schneiden, Emmentaler fein reiben. Schnittlauch waschen, trocken tupfen und in kleine Ringe schneiden. Reichlich Salzwasser zum Kochen bringen und den Teig mit dem Spätzlehobel hinein geben. So lange garen bis sie an der Oberfläche schwimmen, dann herausheben und abtropfen lassen. Schichtweise mit dem Käse in eine Schüssel füllen, mit Zwiebeln und Schnittlauch bestreuen und heiß servieren.

4 Zwiebeln,
1 Bund Schnittlauch,
500 g Mehl,
100 g Butter,
200 g Emmentaler Käse (45%),
100 g Romadour Käse (60%),
6 Eier,
Salz,
Mineralwasser

Kartoffelgratin

Zwiebeln schälen und fein würfeln. Küchenfertigen Porree in feine Ringe schneiden, Knoblauch abziehen und durchpressen, Kartoffeln schälen und in dünne Scheiben schneiden.
Bauchspeck in kleine Würfel schneiden und in einer Pfanne anbraten, Zwiebeln dazugeben und schmoren, bis sie glasig sind. Bier, Sahne und Eier zusammen verrühren. Kartoffelscheiben und den Porree in eine feuerfeste Form schichten, die glasierte Zwiebel-Speck-Fülle dazugeben. Darauf die gewürzte Bier-Sahne-Eier-Masse und den Knoblauch verteilen und mit Semmelbrösel bestreuen. Zuletzt die Butterflocken gleichmäßig darauf setzen und im Herd etwa 1 Stunde backen.

Zutaten:
150 g Zwiebeln,
150 g Porree,
1 Knoblauchzehe,
2000 g Kartoffeln,
150 g Bauchspeck,
300 ml Weißbier,
400 ml Sahne,
4 Eier,
Salz, Pfeffer,
Muskat,
Kümmel,
Butterflocken,
Semmelbrösel

Zwiebelgemüse

Zwiebeln schälen und in Ringe schneiden, in der Butter goldgelb braten und mit Salz, frisch gemahlenem schwarzen Pfeffer, Thymian, Zucker und einigen Tropfen Zitronensaft abschmecken. Mehl darauf streuen, 2 Min. durchschwitzen lassen und dabei leicht umrühren.
Mit Weißwein ablöschen und im geschlossenen Topf etwa 15 – 20 Min. garen lassen. Vor dem Servieren die Sahne einrühren, nochmals abschmecken und mit Petersilie garnieren.
Passt sehr gut zu Braten und auch Kurzgebratenem, am besten mit fein gehackter Petersilie bestreut.

500 g Zwiebeln,
40 g Butter,
Salz, Pfeffer,
Thymian,
Zucker,
Zitronensaft,
1 EL Mehl,
250 ml trockener Weißwein,
125 ml saure Sahne,
2 Stängel Petersilie

Zwiebelfleisch

Rinderfilet in Streifen schneiden und in der Butter kurz anbräunen lassen; geschälte Zwiebeln in Ringe schneiden und zugeben, mit Salz, frisch gemahlenem schwarzen Pfeffer, Majoran und je Geschmack mit einigen Tropfen Zitronensaft abschmecken. Mit dem Mehl bestreuen, alles gut umrühren und die Fleischbrühe auffüllen. Im geschlossenen Topf 10 Min. köcheln lassen, dann nochmals abschmecken und vor dem Servieren mit einigen Blättchen Liebstöckel garnieren, Zwiebelfleisch kann auch aus Hammelfleisch und Kümmel oder Schweinshaxe zubereitet werden.

Zutaten:
400 g Zwiebeln,
500 g Rinderfilet,
50 g Butter,
Salz, Pfeffer,
Majoran,
Zitronensaft,
1 EL Mehl,
250 ml Fleischbrühe,
Liebstöckel

Harzer Käse mariniert

Marinade: Meersalz, schwarzer Pfeffer frisch aus der Mühle, Knoblauchzehe schälen und fein zerdrücken, 1 kleinen Stängel Thymian fein hacken, alles mit dem Rotweinessig zu einer Marinade verrühren.

Den gut reifen Harzer Käse mit einer Gabel einstechen und mit der Marinade beträufeln. Etwa einen Tag kühl stehen lassen.

Zwiebel schälen, Lauch putzen und beides in kleine Stücke schneiden. Tomaten entkernen, das Fruchtfleisch ebenfall klein schneiden. Alles mit dem Distelöl mischen und über den Käse verteilen, mit frisch gebackenem Vollkornbrot servieren.

1 mittelgroße Zwiebel,
1 Stange Lauch
(ca. 200 g),
1 Knoblauchzehe,
300 g Harzer Käse,
2 mittelgroße Tomaten,
6 EL Rotweinessig,
4 EL Distelöl,
Meersalz,
schwarzer Pfeffer,
Thymian

Zwiebelkäse

Zwiebel schälen und fein hacken, küchenfertigen Porree in dünne Ringe schneiden. Frischkäse und Crème fraîche gut mischen, Zwiebeln, Porree und Kräutermischung zugeben und kräftig verrühren. Mit Salz, frisch gemahlenem schwarzen Pfeffer und etwas Zitronensaft - je nach Geschmack - würzen.
Zwiebelkäse mindestens 60 Min. durchziehen lassen und dann zu Fladenbrot servieren.

Zutaten:

1/2 Gemüsezwiebel,
1 Stange Lauch,
2 Päckchen Frischkäse,
1 P. 8-Kräutermischung,
1 Becher Crème fraîche,
Salz, Pfeffer,
Zitronensaft

Zwiebelringe gebacken

Für die Sauce: 2 säuerliche Äpfel, 1 EL Apfelessig, 1 EL Honig, Meersalz*, Ingwer, weißer Pfeffer, 2 EL Crème fraîche, Wasser *Besondere Geschmacksnote mit Selleriesalz.
Ei aufschlagen, Mehl, Salz, Kurkuma und Bier zugeben, zu einem dickflüssigen Brei verrühren, 20 Min. stehen lassen. Zwiebeln schälen, in Ringe schneiden, mit einem Küchentuch trocken tupfen. Ringe mit einer Gabel oder auf einem Holzstäbchen aufgespießt (können dann nicht zerfallen) in den Teig tauchen. Im heißen Frittierfett goldbraun brutzeln und dann herausnehmen.
Sauce: Geschälte Äpfel achteln, in ganz wenig Wasser etwa 3 Min. dünsten, dann pürieren. Mit Apfelessig, Honig, Ingwerpulver und weißem Pfeffer aus der Mühle würzen, gut verrühren und zuletzt Crème fraîche unterheben.
Zwiebelringe mit der Sauce servieren.

400 g Zwiebeln,
100 g Vollkornmehl,
1 Ei,
180 ml Bier,
2 EL Crème fraîche,
Meersalz,
1/4 Tl Kurkuma,
Frittierfett

Zwiebelringe überbacken

Zwiebeln, überbacken

Zwiebeln schälen, in 500 ml Fleischbrühe im geschlossenen Topf 2 Min. garen und nach dem Abkühlen aushöhlen. Die Zwiebeln können auch roh ausgehöhlt werden; die blanchierten Zwiebeln haben uns besser geschmeckt. Das Ausgehöhlte klein schneiden, mit Hack und den fein gehackten Zwiebeln, mit fein gewürfeltem Kochschinken, mit in 2 EL Brühe eingeweichtem Toast und mit dem Ei zu einem Teig verkneteten. Mit Majoran, Salz und frisch gemahlenem schwarzen Pfeffer abschmecken.
Masse gleichmäßig verteilt in Zwiebelhälften füllen, diese in eine gebutterte Auflaufform setzen und mit dem geriebenen Emmentaler und Semmelbrösel bestreuen.

Zutaten:
8 große gelbe oder rote Zwiebeln, oder mittelgroße Gemüsezwiebel,
750 ml Fleischbrühe,
125 g Hackfleisch,
100 g gekochter Schinken,
1 Scheibe Toastbrot,
1 Ei, Salz, Pfeffer, Majoran,
50 g Emmentaler gerieben,
3 EL Semmelbrösel,
40 g Butter

Gefüllte Zwiebeln

Zwiebeln gefüllt (Fylld lök)

Zwiebeln schälen und in leicht gesalzenem Wasser in ca. 8 Min. bissfest garen, aus dem Topf nehmen, abtropfen lassen. Den Zwiebelsud aufheben. Zwiebeln mit kaltem Wasser abschrecken, die beiden Spitzen abschneiden und 1x längs einschneiden. Dann die einzelnen Hüllen vorsichtig voneinander lösen. Das Zwiebelinnere wird ganz fein gehackt. Paniermehl mit der Sahne verrühren. Champignon putzen und fein schneiden. Pilze, Hack, Eigelb und die fein gehackten Zwiebeln mit der Sahnemischung verrühren; mit Salz, Paprika und frisch gemahlenem schwarzen Pfeffer abschmecken. Backofen auf 220 ° C vorheizen.

Jede Zwiebelhülle mit etwas Hack füllen und zusammenrollen. Feuerfeste Form mit Butter ausstreichen und die gefüllten Zwiebelhüllen hineinlegen. Mit etwas Zwiebelsud auffüllen und ca. 30 Min. in der Röhre garen.

Mit Bratkartoffeln oder als Beilage servieren.

Zutaten:

12 große gelbe oder ro
Zwiebeln,
150 g Schweinehack,
100 g Champignons,
100 ml Sahne,
3 EL Butter,
2 EL Paniermehl,
1 Tl Paprika, edelsüß,
1 Eigelb,
Salz, Pfeffer,
Wasser

Penne mit Lauchzwiebeln

Lauchzwiebeln putzen, waschen und in feine Ringe schneiden. Butter in einer Pfanne oder Kasserolle zergehen lassen, Zwiebeln zugeben, mit Salz und frisch gemahlenem Pfeffer abschmecken. Bei kleiner Hitze etwa 15 – 20 Min. dünsten und mehrmals etwas Wasser zugeben, vom Herd nehmen und abkühlen lassen.
Penne, eine italienische Teigwarenart, al dente kochen, abgießen. Das Eigelb und etwas frisch geriebenen Parmesan in die gedünsteten Zwiebeln mischen und in die heiße Penne gießen und mehrmals schwenken. Auf Teller füllen, mit frisch gemahlenem Pfeffer, etwas geriebenen Parmesan und fein gehackter Petersilie bestreuen und servieren.

Zutaten:
15 Stück Lauchzwiebeln,
250 g Penne Nudeln,
100 g Butter,
50 g Parmesan,
2 Eigelb,
Petersilie,
Salz, Pfeffer,
Wasser

Lauchzwiebelsoße mit Schnitzel

Lauchzwiebeln putzen, waschen, trocken tupfen und in Ringe schneiden, Tomaten waschen, trocken tupfen und halbieren. Lauchzwiebeln in Salzwasser 3 Min. blanchieren und beiseite stellen. Putenschnitzel salzen, mit frisch gemahlenem schwarzen Pfeffer bestreuen und in einer Pfanne im Öl braun braten, Fleisch warm abstellen. Zwiebel schälen, in feine Würfel schneiden und im Bratenrückstand anschwitzen, dann mit Mehl abbinden und die Rinderbrühe aufgießen. 5 Min. einkochen lassen, auf kleine Flamme stellen und die Schlagsahne zugeben. Dann Fleisch, Lauchzwiebeln und Tomatenhälften dazu geben und bei geschlossenem Deckel noch 5 Min. garen lassen. Mit Petersilienreis servieren.

8 Stück Lauchzwiebeln,
1 Zwiebel,
2 Putenschnitzel,
250 ml Rinderbrühe,
125 ml Schlagsahne,
8 Cocktailtomaten,
1 EL Mehl,
1 EL Öl,
1 EL Tomatenmark,
Salz, Pfeffer,
Wasser

Zwiebelschnitzel

Zwiebeln schälen und in 2 mm dicke Ringe schneiden, anschließend im Mehl wälzen. Öl in einer Pfanne erhitzen und die Zwiebelringe knusprig braten. Käse reiben, feuerfeste Form mit Öl auspinseln, Schnitzel hineinlegen und mit geriebenem Käse bestreuen. Zwiebelringe darauf legen, mit Salz bestreuen, Schlagsahne und Wasser mischen und auffüllen. Im Backofen - vorgeheizt bei 200° C - etwa 40 Min. garen.

Zutaten:
4 Zwiebeln,
4 Schnitzel,
200 g Käse,
500 ml Öl,
125 ml Wasser,
2 EL Mehl,
1 Becher Sahne,
1 Prise Salz

Altmärkischer Tiegelbraten

Zwiebeln schälen und achteln. Fleisch leicht salzen, mit den Zwiebeln und Gewürzen in einen Tiegel (Bratpfanne) geben, etwas Wasser auffüllen. Im geschlossenen Tiegel garen lassen, bis die Soße gut eingekocht und der Braten auf beiden Seiten schön gebräunt ist. Danach noch ein wenig Wasser zugegeben und weiter dämpfen lassen, bis der Braten weich ist.
Soße vor dem Servieren durch ein Sieb geben.

250 g Zwiebeln,
750 g Rindfleisch,
250 g Hammelfleisch,
5 Pimentkörner,
1 Lorbeerblatt,
Salz, Wasser

Brathering a´la Holger

Zwiebeln schälen und in Ringe schneiden, Ingwer schälen und in kleine Stücke schneiden. Wasser mit Essig, Zucker, Salz und Ingwer aufkochen. Zwiebelringe in dem Sud ziehen lassen, nicht kochen. Den Sud vom Herd nehmen, auf Zimmertemperatur abkühlen lassen, Zwiebeln herausnehmen und beiseite stellen.

Sud: 1000 ml Wasser,
50 ml Essig Essenz (25 %ig),
150 g Zucker,
3 TL Salz,
50 g Ingwerwurzel,
5 große Zwiebeln

Frischer Brathering

Jungzwiebel oder Zwiebellauch – Ragout

Die bekannte Lauchzwiebel wird in Österreich auch als Jungzwiebel und die Tomate als Paradeiser bezeichnet. Hier ist ein Rezept aus Österreich.

Die geputzten und gewaschenen Jungzwiebeln in dünne Scheiben schneiden. Der grüne Zwiebellauch wird vorerst zur Seite gelegt. Das Olivenöl in einer Pfanne erhitzen und die Zwiebeln kurz dünsten, mit Salz und frisch gemahlenem schwarzen Pfeffer abschmecken, mit der Sahne zu sämiger Konsistenz einkochen.
Tomaten waschen, trocken tupfen und in kleine Würfel schneiden; das Lauchgrün in feine Ringe schneiden. Vor dem Servieren beides ins Jungzwiebelragout einrühren und nochmals kurz aufkochen. Dazu...... kann z.B. Kaninchenrückenfilet gereicht werden.

Zutaten:
500 g Jungzwiebeln,
40 ml Olivenöl,
200 ml Sahne,
100 g Tomaten (Paradeiser),
Salz, Pfeffer

Kaninchen im Schalottenbett

Kaninchenfleisch abspülen und trocken tupfen. Butter in einer Pfanne zerlassen und Kaninchen etwa 15 Min. anbraten, aus der Pfanne nehmen und warm abstellen.
Schalotten schälen, in kleine Würfel schneiden und in der Bratenbutter goldgelb anbraten. Trockenen Weißwein zugeben, mit einem Holzlöffel Bratensatz lösen, alles gut verrühren und mehrmals aufkochen lassen.
Kaninchenteile in diese Soße geben und mit Salz und frisch gemahlenem schwarzen Pfeffer abschmecken. Rosmarin und Thymian waschen, trocken schwenken und mit Lorbeerblatt zur Soße geben, Kaninchen in der Soße etwa 45 Min. weich garen.
Thymian, Rosmarin und Lorbeer herausnehmen und das Kaninchen auf den Schalotten anrichten, Soße dazu geben und servieren.

Zutaten:

2000 g Schalotten,
1500 g Kaninchen/ berei
in 12 Teile zerlegt,
500 ml Weißwein,
2 EL Butter,
1 Lorbeerblatt,
1 Rosmarin- und
1 Thymianzweig,
Salz, Pfeffer

Fisch im Zwiebelbett

Küchenfertige Zwiebeln in Scheiben schneiden, Fischfilets abspülen und trocken tupfen. In der Reihenfolge Zwiebeln, Fisch, Zwiebeln (oder fortlaufend – je nach Menge) in die gefettete Form schichten. Gratin mit saurer Sahne mischen und gleichmäßig über die obere Schicht gießen. Ca. 25 Min. bei 200 °C im vorgeheizten Backofen garen. Vor dem Servieren mit Petersilie dekorieren.

300 g Fischfilets
(frisch oder gefrostet),
300 g Zwiebeln,
1 Becher Saure Sahne,
2 EL Butterschmalz,
1 Beutel
Lachs-Sahne Gratin,
1 EL Fischgewürz,
Petersilie

Forellen – Rouladen

Lauchzwiebeln waschen, putzen und in kochendem Wasser 2 Min. garen.Petersilie waschen, trocken schütteln und die feinen Blättchen abzupfen. Forellenfilets abspülen, trocken tupfen und mit Zitronensaft beträufeln.

Mit Salz und frisch gemahlenem schwarzen Pfeffer würzen, mit Petersilie bestreuen und zusammenrollen. Danach mit den Lauchzwiebeln und den dünnen Speckscheiben umwickeln und mit Zwirn oder Rouladenklammern fixieren.

2 EL Butterschmalz in einer Pfanne erhitzen und die Filets darin 15 Min. gar brutzeln.Soße: Zwiebel schälen und fein hacken, Pilze putzen und fein hacken, beides in 1 EL Schmalz andünsten, Brühe und Wein zugießen, 10 Min. köcheln lassen. Dann mit Sahne und etwas Soßenbinder andicken und mit Salz und frisch gemahlenem schwarzen Pfeffer abschmecken.

Vor dem Servieren wird die Soße mit Schnittlauchröllchen verfeinert.

Zutaten:

1 Bund Lauchzwiebeln,
1 Zwiebel,
1 Bund Schnittlauch,
8 Forellenfilets,
400 g Champignons,
250 ml Gemüsebrühe,
125 ml Weißwein,
125 ml Sahne,
1 Zitrone,
8 Speckscheiben,
3 EL Butterschmalz,
1/2 Bund Petersilie,
Salz, Pfeffer,
Soßenbinder,
Wasser

Rouladen

Zwiebeln schälen, eine Große fein würfeln. Petersilie waschen, gut ausschwenken und schneiden. Rouladen mit je einer Scheibe Bacon belegen und mit Senf bestreichen, Zwiebeln und Petersilie darüber streuen.
Mit frisch gemahlenem schwarzen Pfeffer würzen, aufrollen und fixieren, rundum mit Mehl bestäuben. Restliche Zwiebeln in Spalten schneiden; Rouladen im Butterschmalz scharf anbraten und danach in eine Auflaufform legen.
Zwiebeln im Fett der Rouladen andünsten, mit Fond und Wein ablöschen und über die Rouladen in die Auflaufform gießen. Zugedeckt bei 200°C im vorgeheizten Backofen etwa 60 Min. garen. Vor dem Servieren die Soße mit Salz und frisch gemahlenem schwarzen Pfeffer würzen und die Butter unterschlagen.

Zutaten:
500 g Zwiebeln,
4 Rinderrouladen,
4 Scheiben Bacon,
500 ml Rindfleischfond,
200 ml Rotwein,
50 g Butter,
4 EL süßer Senf,
2 EL Butterschmalz,
1 EL Petersilie,
1 EL Mehl,
Salz, Pfeffer

Putenbrust

Toastbrot würfeln und mit Milch und Eiern mischen; mit Salz, Pfeffer, Muskat und Zimt abschmecken. Majoran waschen, trocken schütteln und Blättchen abzupfen. Schalotten schälen und in Scheiben schneiden, Butter in einen Topf geben und die Schalotten darin dünsten. Mandelblättchen, Aprikosen und Majoran mischen und zu den Schalotten geben. Zwiebeln schälen und vierteln, küchenfertige Möhren und Porree in kleine Würfel schneiden.

500 g Zwiebeln,
4 Schalotten,
1 Stange Porree,
2000 g
entbeinte Putenbrust,
250 g Möhren,
800 ml Hühnerbrühe,
250 ml Milch, 3 Eier,
200 ml Weißwein,
150 g Dörr-Aprikosen,
150 g Mandeln, 2 EL Butt
2 EL Öl, Salz, Pfeffer,
Muskat, Zimt, 2 Stängel M
joran, 300 g Toastbrot

Putenbrust abbrausen, trocken tupfen und im Öl ca. 10 Min. anbraten. Mit Salz und frisch gemahlenem schwarzen Pfeffer würzen, Gemüse zugeben und 15 Min. bei 200 °C in der Röhre braten. Danach mit Wein und Hühnerbrühe ablöschen, weitere 20 Min. brutzeln lassen und dabei ab und zu mit dem Fond begießen.
Zuletzt die Toastbrotmasse dick auf den Braten streichen und 30 Min. fertig garen.
Vor dem Servieren Fond abseihen und zur Putenbrust servieren.

Zutaten:

Zerbster Bollenfleisch

Zwiebeln schälen (große halbieren) und mit dem Lammfleisch in einen Topf geben, knapp mit Wasser bedecken. Mit Salz und frisch gemahlenem schwarzen Pfeffer kräftig würzen, Kümmel, Lorbeerblätter und die geschälte gequetschte Knoblauchzehe dazugeben. Kurz kräftig aufkochen und dann ca. 90 Min. köcheln lassen. Das gare Fleisch herausnehmen, in kleine Stücke schneiden und wieder in die Brühe geben. Vor dem Servieren die Lorbeerblätter herausnehmen und nochmals abschmecken.
Bollenfleisch zu Quetschkartoffeln servieren.

1200 g Zwiebeln,
1200 g Lammfleisch,
1 Knoblauchzehe,
2 Lorbeerblätter,
2 EL Kümmel,
Salz, Pfeffer,
Wasser

Zwiebel – Birnenragout

Zwiebeln schälen, vierteln, in Scheiben schneiden. Birnen vierteln, Kerngehäuse entfernen, in Scheiben schneiden. Butterschmalz erhitzen und Zwiebeln goldgelb brutzeln, Birnen dazugeben und glasig dünsten lassen.

2 Zwiebeln, 2 Birnen
200 g Schmand,
1 EL Haselnüsse,
1 P. Blätterteig (TK),
1 EL Butterschmalz,
Salz, Majoran,
Speisestärke

Dann Schmand unterrühren und mit etwas Stärke abbinden, mit Salz und Majoran abschmecken, gemahlene Haselnüsse unterrühren.
Den aufgetauten Blätterteig in Quadrate 15x15 cm schneiden, je 1 EL Ragout mittig auffüllen und glatt streichen. Die Ecken etwas nach innen klappen und festdrücken.
Blätterteigecken im vorgeheizten Backofen bei 200° C etwa 15 Min. backen.

Zutaten:

Kuchen und Brot

Zwiebeltaschen

Teig: 250 g Mehl,
250 g Quark,
250 g Butter,
3 Tl Backpulver,
2 EL Milch,
1 Eigelb
Füllung:
750 g Gemüsezwiebeln,
125 g Frühstücksspeck,
100 g Schmand,
50 g Butter,
1 Tl Fenchelsamen,
1 Ei,
Salz, Pfeffer

Mehl und Backpulver vermengen und auf eine Arbeitsplatte sieben, Mulde in das Mehl formen, Butter und Quark zugeben und zu einem glatten Teig kneten.
Arbeitsfläche leicht bemehlen und Teig 45 x 45 cm groß ausrollen, dabei den Teig mehrmals von rechts nach links übereinander legen, Ränder andrücken und wieder auf das Maß ausrollen, den Teig dann ca. 1 Stunde im Kühlschrank ruhen lassen.
Gemüsezwiebeln schälen und in feine Streifen schneiden, Frühstücksspeck in kleine Würfel schneiden, Butter in einer Pfanne erhitzen und Zwiebeln und Speck goldgelb anschwitzen. Mit Fenchel, Salz und frisch gemahlenem schwarzen Pfeffer abschmecken, abkühlen lassen.
Schmand und Eigelb vermischen, unter die abgekühlte Zwiebelmasse rühren.

Gekühlten Teig in 9 x 9 cm große Quadrate schneiden und auf die Mitte je 1 EL Zwiebelmasse geben, Teigstücke nun zu einem Drei- oder Viereck zusammenklappen. Ränder gut festdrücken, Eigelb mit Milch verrühren und die Teigtaschen damit bestreichen.
Im vorgeheizten Ofen bei 200 ° C ca. 20 Min. backen.

Zutaten:

Zwiebelkuchen mit Hagebutten

1500 g Zwiebeln,
80 g küchenfertige Hagebutten,
500 g Butterblätterteig,
125 ml Zucker,
50 g Butter,
50 ml Hagebuttenessig,
5 g Bohnenkraut,
1 Eigelb,
6 g Salz, Pfeffer,
Wasser

Zwiebeln schälen und achteln. Hagebutten waschen, abtropfen lassen, Stiel und Blüte entfernen, Schale aufschneiden, Kerne und sämtliche Haare fein säuberlich entfernen, vierteln und nochmals waschen.
Zucker in einer Pfanne karamellisieren, mit Hagebuttenessig ablöschen, Butter unterrühren, Zwiebeln, Hagebutten, Bohnenkraut zugeben und dünsten, bis keine Flüssigkeit mehr in der Pfanne ist. Mit Salz und frisch gemahlenen schwarzen Pfeffer abschmecken und abkühlen lassen.
Blätterteig dünn (3 mm) in zwei Teile ausrollen, einen Teil in eine Backform geben, Rand muss überlappen. Zwiebel-Hagebutten-Masse glatt einfüllen, zweite Teigplatte darauf legen und Teigränder am gesamten Rand fest zusammendrücken. Eigelb mit etwas Wasser verquirlen und die oberste Teigplatte damit bestreichen. Im vorgeheizten Backofen etwa 15 Min. bei 200° C backen und weitere 10 Min. bei 180° C.

Zwiebelpizza

Gemüsezwiebelpizza

Teig: Hefe mit je 1 Pr. Zucker und Salz sowie 2 EL Wasser verrühren und 2 EL Mehl untermischen. Das Mehl in eine Schüssel geben, kleine Mulde drücken, die Hefemischung hinein geben, mit etwas Mehl bestäuben und zugedeckt 30 Min. warm abstellen. Nun 1/2 Tl Salz und 2 EL Öl sowie 125 ml lauwarmes Wasser zum Teig geben und kräftig durch kneten. Danach zurück in die Schüssel legen und 60 Min. an einem warmen Platz abstellen, bis er etwa das doppelte Volumen erreicht hat.Zwiebeln schälen und in feine Ringe schneiden.

Teig auf bemehlter Fläche erneut kräftig durchkneten und danach gleichmäßig auf ein eingeöltes Backblech verteilen, mit 1 EL Öl bestreichen. Zwiebelringe darauf verteilen, mit Oregano und dem geriebenen Parmesan bestreuen, das restliche Öl darüber träufeln.

Pizza im Backofen bei 200° C etwa 15 – 20 Min. goldbraun backen, mit wenig Salz, aber reichlich frisch gemahlenem schwarzen Pfeffer würzen.

Zutaten:
250 g Gemüsezwiebeln,
220 g Mehl,
100 g Parmesan,
10 g Hefe,
7 EL Olivenöl,
150 ml warmes Wasser,
1Prise Zucker,
1/2 Tl Oregano,
Salz, Pfeffer

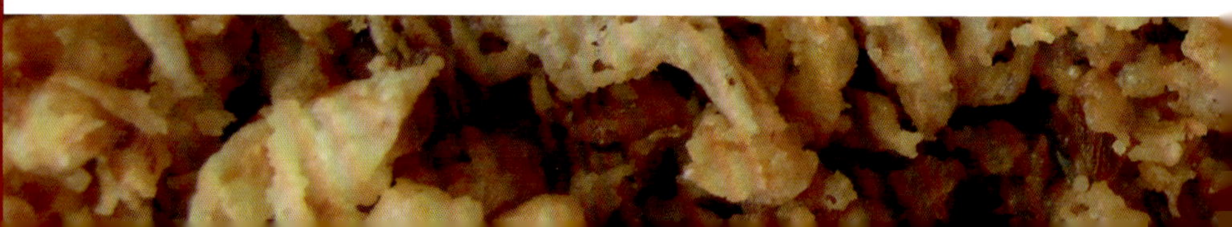

Zwiebelpizza

Zutaten:

500 g Zwiebeln,
400 g Dinkelmehl,
600 g Tomaten,
380 g Joghurt,
200 g Gouda,
200 g Oliven,
1 Würfel Hefe,
1/2 Becher Crème fraîche,
Salz, Pfeffer, Basilikum

Teig: Dinkelmehl mit Hefe, Joghurt und 1/2 Tl Salz zu einem festen Teig kneten und in einer zugedeckten Schale 30 Min. warm abstellen.
Belag: Zwiebeln schälen und in feine Ringe schneiden, mit wenig Wasser etwa 10 Min. dämpfen; Wasser abschütten und Zwiebeln abtropfen lassen; Tomaten waschen, trocken tupfen und in kleine Würfel schneiden. Schwarze, kernlose Oliven klein schneiden, mit den Tomaten in einer Schüssel mischen und mit Basilikum, Salz und weißem Pfeffer abschmecken.
Teig auf einem gefetteten Backblech dünn ausrollen, nochmals 10 Min. gehen lassen und dann bei 200° C etwa 15 Min. vorbacken.
Danach diesen Teig mit Crème fraîche bestreichen, die Tomaten-Olivenmischung gleichmäßig darauf verteilen, darüber die Zwiebeln und den geriebenen Käse streuen.
Zurück in den Backofen und weitere 20 - 30 Min. backen, bis der Käse eine leichte Bräunung angenommen hat.

Röstzwiebelbrot

100 g Röstzwiebeln,
500 g Mehl,
500 ml Buttermilch,
1 Würfel Hefe,
1 Tl Salz,
1/2 Tl Zucker,
Öl

Hefe und Zucker in einer Tasse auflösen und mit dem Mehl, Salz, Röstzwiebeln und Buttermilch gut vermischen. Teig in eine gefettete Kastenform geben und bei 200° C etwa 45 Min. backen.

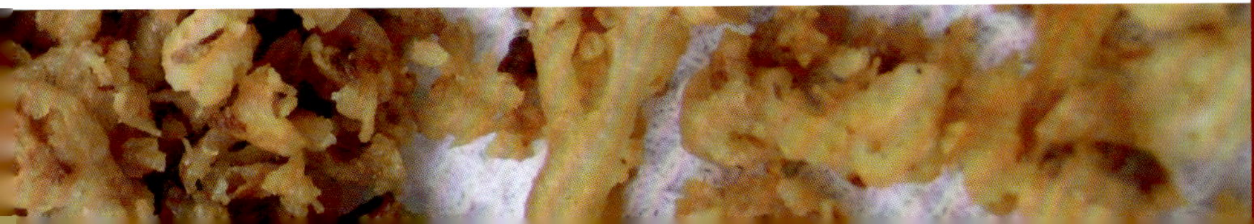

Zwiebelbrot

Zwiebelbrot

Mehl durch ein feines Sieb in eine Schüssel sieben, in eine geformte Mulde Hefe einbröckeln und Zucker dazugeben. Mit etwas lauwarmer Milch zu einem Vorteig verarbeiten und an einem warmen Ort etwa 15 Min. gehen lassen. Danach restliche Milch, geriebenen Emmentaler und 1 Tl Salz zugeben und zu einem glatten Teig verarbeiten. Zwiebeln schälen und kleine Würfel schneiden. Butter in einer Pfanne erhitzen und die Zwiebeln darin glasig dünsten, mit Salz, Paprika, Kümmel und frisch gemahlenen schwarzen Pfeffer abschmecken, Zwiebelsuppenmischung dazugeben. Hefeteig ausrollen und mit der Zwiebelmischung belegen, ein etwa 10 cm breiter Rand bleibt ohne Zwiebeln; von dieser Seite her aufrollen und auf ein mit Backpapier ausgelegtes Backblech legen. Oberseite einmal längs leicht einschneiden, 20 – 30 Min. bei 200° C goldgelb backen.

Zutaten:
250 g Zwiebeln,
600 g Mehl,
350 ml Milch,
200 g Emmentaler Käse,
100 g Butter,
1 EL Zucker,
1 P Backhefe,
1 Tüte Zwiebelsuppenmischung,
Salz, Pfeffer,
Paprikapulver,
Kümmel

Zwiebel-Bier-Brot

Zwiebeln schälen, fein würfeln, im Öl goldgelb braten, vom Herd nehmen und mit dem Bier ablöschen. Weitere Zutaten aber ohne Ei zu einem Teig verkneten, warm aufgestellt 45 Min. ruhen lassen. Danach nochmals kräftig durchkneten, einen Brotlaib formen, auf ein Backblech mit Backpapier legen. Das Ei verquirlen und das Brot damit mehrmals bestreichen, weitere 30 Min. ruhen lassen.
Einen kleinen Topf mit Wasser in die Backröhre stellen und das Brot im vorgeheizten Ofen etwa 60 Min. bei 200° C backen.

Zutaten:
3 Zwiebeln,
300 ml Bier,
500 g Weizenvollkornmehl, 40 ml Olivenöl,
2 P. Trockenhefe,
1 EL Zucker,
1 Tl Salz,
1 Tl Anis,
1 Tl Fenchel,
1 Tl Koriander,
1 Ei.

Backprobe: - Auf Brotunterseite klopfen: klingt es hohl, ist das Brot fertig gebacken.
Nadelprobe – bei Hefebrot: mit einer Stricknadel ins Brot stechen, klebt kein Teig daran, ist das Brot fertig gebacken.

Zwiebelkuchen, würzig

Kartoffeln waschen, in Salzwasser kochen, danach schälen. Zwiebeln schälen und in Ringe schneiden, Porree putzen waschen, gut abtropfen lassen, in Ringe schneiden. Hefe in lauwarmer Milch auflösen. Mehl in eine Schüssel geben, eine Mulde formen und die Hefemilch zugeben, zugedeckt an einem warmen Ort etwa 15 Min. stehen lassen. Dann die zerdrückten Kartoffeln zugeben und zu einem glatten Teig kneten; zugedeckt 20 Min. ruhen lassen.
Zwiebeln und Porree im Öl dünsten, mit Kümmel, Salz und Pfeffer abschmecken.

1250 g Zwiebeln,
3 Stangen Porree,
250 g Mehl,
500 g Kartoffeln,
300 g saure Sahne,
50 ml Milch,
2 EL Öl,
1 EL Kümmel,
1 Würfel Hefe,
5 Eier,
Salz, Pfeffer

Saure Sahne und Eier zu einem Guss verquirlen, mit Salz und Pfeffer würzig abschmecken.
Teig kräftig durchkneten und auf dem gefetteten Backblech ausrollen, Seiten dabei etwas hochziehen. Gemüsemischung auf den Teig verteilen und den Guss darüber gießen.
Im Ofen etwa 45 Min. backen.

Zutaten:

Zwiebelwähe

Mehl, Butter, Eiswasser und Salz zu einem glatten Teig kneten und 1 Stunde ruhen lassen. Speck in kleine Würfel schneiden und dann in der ausgelassenen Butter ausbraten. Zwiebeln schälen, in Ringe schneiden und dann zugeben und glasig braten, abkühlen lassen. Den geriebenen Emmentaler mit Sahne und den 2 Eiern verquirlen, mit Salz und frisch gemahlenem schwarzen Pfeffer abschmecken und in die abgekühlten Zwiebeln rühren.
Teig ausrollen und damit eine Springform auslegen – am Rand etwas hochziehen. Belagmasse gleichmäßig auf den Teig verteilen.
Im Backofen bei 200° C etwa 45 Min. backen.
Schnittlauch waschen, gut abtropfen lassen, in feine Röllchen schneiden und auf den fertigen, noch warmen Kuchen streuen. Gleich servieren.

Teig: 250 g Mehl,
125 g Butter,
4 EL Eiswasser,
Salz
Belag: 400 g Zwiebeln,
30 g Butter,
100 g
durchwachsener Speck,
150 g Emmentaler,
250 ml Sahne,
2 Eier,
Salz, Pfeffer,
1/2 Bund Schnittlauch

Zwiebelkuchen, Basler Art

Zwiebeln schälen und in Scheiben schneiden, in Butter andünsten. Mürbeteig auf einem Kuchenblech auslegen und mit einer Gabel mehrmals einstechen, Zwiebeln darauf ausbreiten, Käse darüber streuen, den Guss (Milch, Rahm, Eier und Salz gut verrührt) gleichmäßig über alles verteilen.
Backzeit etwa 25 Min.

300 g Zwiebeln,
30 g Mehl,
30 g Butter,
150 g
geriebener Emmentaler,
300 g Mürbeteig,
200 ml Milch, 100 ml Rah
2 Eier 1 Prise Salz

Weimarer Zwiebelkuchen

Zuerst den Teig kneten, mit allen Zutaten und danach etwa 1 Stunde ruhen lassen.
Zwiebeln schälen und in feine Scheiben schneiden, Prise Salz darüber streuen und im Öl glasig (nicht braun) schmoren lassen.
Grießbrei kochen.
Teig auf einem Blech ausrollen, kurze Zeit ruhen lassen und dann den abgekühlten Grießbrei aufbringen und gleichmäßig verteilen. Zwiebeln obenauf legen, nicht in den Teig/Brei drücken.
Ei und Milch verquirlen und auf den Zwiebeln gut verteilen, Kümmel aufstreuen.
Bei mittlerer Hitze backen; er soll obenauf noch feucht sein, keinesfalls braun.

Zutaten:

Teig :
300 g Weizenmehl,
100 g Margarine,
50 ml Milch,
25 g Backhefe,
1 Prise Salz
Brei: 500 ml Milch,
80 g Grieß,
5 g Salz
Belag: 1 000 g Zwiebeln,
100 ml Rapsöl,
50 ml Milch,
10 g Kümmel,
1 Ei, 1 Prise Salz

Maßeinheiten:

EL - Esslöffel
Tl - Teelöffel
g - Gramm
Ml - Milliliter
Msp. - Messerspitze
getr. - getrocknet
P - Packung, Päckchen

Apoldaer Zwiebelkuchen nach Heinz Dannewald

Mir ham schon allerhand endäggd,
was en Gramong besonders schmäggd;
drom heerdmer Oddo`n niemals fluchn,
wänn Änne böggd e Zebbelguchen.
So machd de Modder ooch sogleich
E ongesießdn Hefedeich.
Der wärd geschmeidch on scheene gladd,
wänne `ne Nachd geschdandn had.
Oddo – das mage nech so leide-
Muß annerthalb Fund Zebbeln schneide,
weil die so endn Oochn bränn,
schneid drozdäm en Seelenruh
noch hunnerdachzch Gramm Schbägg drzu,
dins s sachde en dr Fanne an,
damed mern Deich beleeche gann.
Drei Eier, verquärld med Gimmel, Sahne
Als Detsche droff. Wee Kodd, ech ahne,
wie Oddo off de Rehre schdierd
onn fäsde Schbugge broddezierd.
Nach värzch Minudn – gnusbrech braun –
Wärd das Gebägg warm neingehaun;
Drzu schmäggd, das is sonnenklar,
e Melechgaffee wunderbar.
Wies`ch hengerhär dr Darm verhäld,
das sei disgred dahenngeschdälld!

Und auch im Harz kannten die Jodler den Zippelkuchen;
denn zur Verständigung oder auch einfach
aus Freude wurde gejodelt und eine Refrainzeile lautete so:

La – hu! La – hu! Zippelkuchen, Kerschschnaps.

(Nach Heinz Heine, HBK 1999; S. 121)

Literaturhinweise

BIELKA, Prof. em. Dr. agr. Habil. Rudolf; GEISSLER, Prof. Dr. sc. Thomas et. al.: Freilandgemüseproduktion; VEB Deutscher Landwirtschaftsverlag, Berlin, 2. Aufl.; 1980

GEISSLER, Prof. Dr. sc. Thomas: Gemüseproduktion unter Glas und Plasten; VEB Deutscher Landwirtschaftsverlag, Berlin, 3. Aufl.; 1981

HEISE, Ulla und FRANCÎK, Kathrin; Das Buch der sächsischen Hausküche; BuchVerlag für die Frau; Leipzig, 1996

LENTZ, Dr. Christiane und KLUBERTANZ, Dr. Alex: Knoblauch und Zwiebeln; Sütwest Verlag GmbH & Co. KG; München, 1998

STÜRMER, Franz: Zwiebel & Lauch, Knoblauch, Bärlauch & Co; avBuch im Österreichischen Agrarverlag, Leopoldsdorf, 2005

THÜRK, Harry: Der Zwiebelmarkt zu Weimar; RhinoVerlag, Arnstadt & Weimar, 1997

Das ausführliche Literaturverzeichnis kann im Internet unter www.demmlerverlag.de eingesehen werden.

Verzeichnis der Rezepte

Marmelade & Co

Chutney

Essig, Senf und mehr

Salate,Vorspeisen und Beilagen

Suppen und Soßen

Hauptgerichte

Kuchen und Brot

Zu den Autoren

Evemarie Löser

1949 in Ulrichshalben, unweit von Weimar geboren. Nach dem Schulbesuch Berufsausbildung, dann Meister für Lederverarbeitung. 1973 Umzug nach Schwerin/Mecklenburg. Seit 1980 im Sozialwesen tätig, seit 1991 Mitarbeiter der AOK Schwerin.
Neben Familie (2 erw. Kinder) und Beruf immer Freude im Umgang mit Menschen, am Kleingarten und an der Verarbeitung der Ernte. Liebt die Kommunikation in Wort und Schrift und kreatives Gestalten.

Dr. Frank Löser

1944 in Lößnitz bei Freiberg/Sachsen geboren. Nach Schulbesuch Ausbildung zum Gärtner und Besuch der Fachschule für Pflanzenschutz in Halle/Saale 1963-66. Viele Jahre Mitarbeiter im Pflanzenschutzamt Karl-Marx-Stadt. 1969-1974 Fernstudium zum Dipl.-Agr.-Ing. und anschließend außerplanmäßige Dissertation.
Lebt seit 1984 in Mecklenburg. 2 erw.Kinder
Wahlmecklenburger mit Herz und Seele und fühlt sich dennoch mit seiner alten Heimat eng verbunden.
Seit 1990 selbständig im Bereich der Werbeakquise tätig.
Seine besonderen Hobbys sind das Entdecken und Erkunden der Natur, der Pflanzen- und Tierwelt.
Im Demmler Verlag sind von ihm bisher die Sagenbände „Thüringer Wald“, „Weimarer Land“ , „Die Ostseeküste. Von Wismar bis Warnemünde“,„Der Sanddorn. Herkunft, Anwendung & Rezepte“ und „Wildfrüchte, Sammeln & Verarbeiten zu Marmeladen und mehr“ erschienen.

In dieser Reihe sind bisher erschienen: